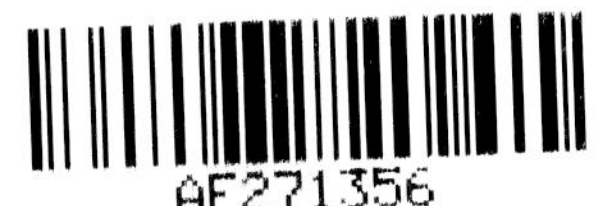

Coloriage Avec Mon BFF

Volume 1

Cahier de Coloriage
Pour Filles 10 Ans

Coloring Bandit

Publié par Speedy Publishing Canada Limited

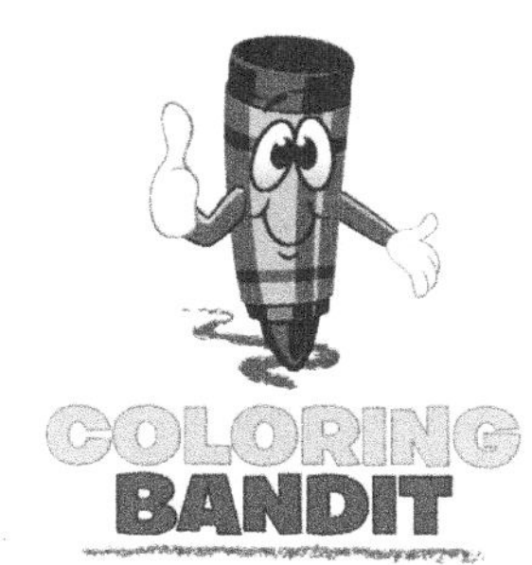

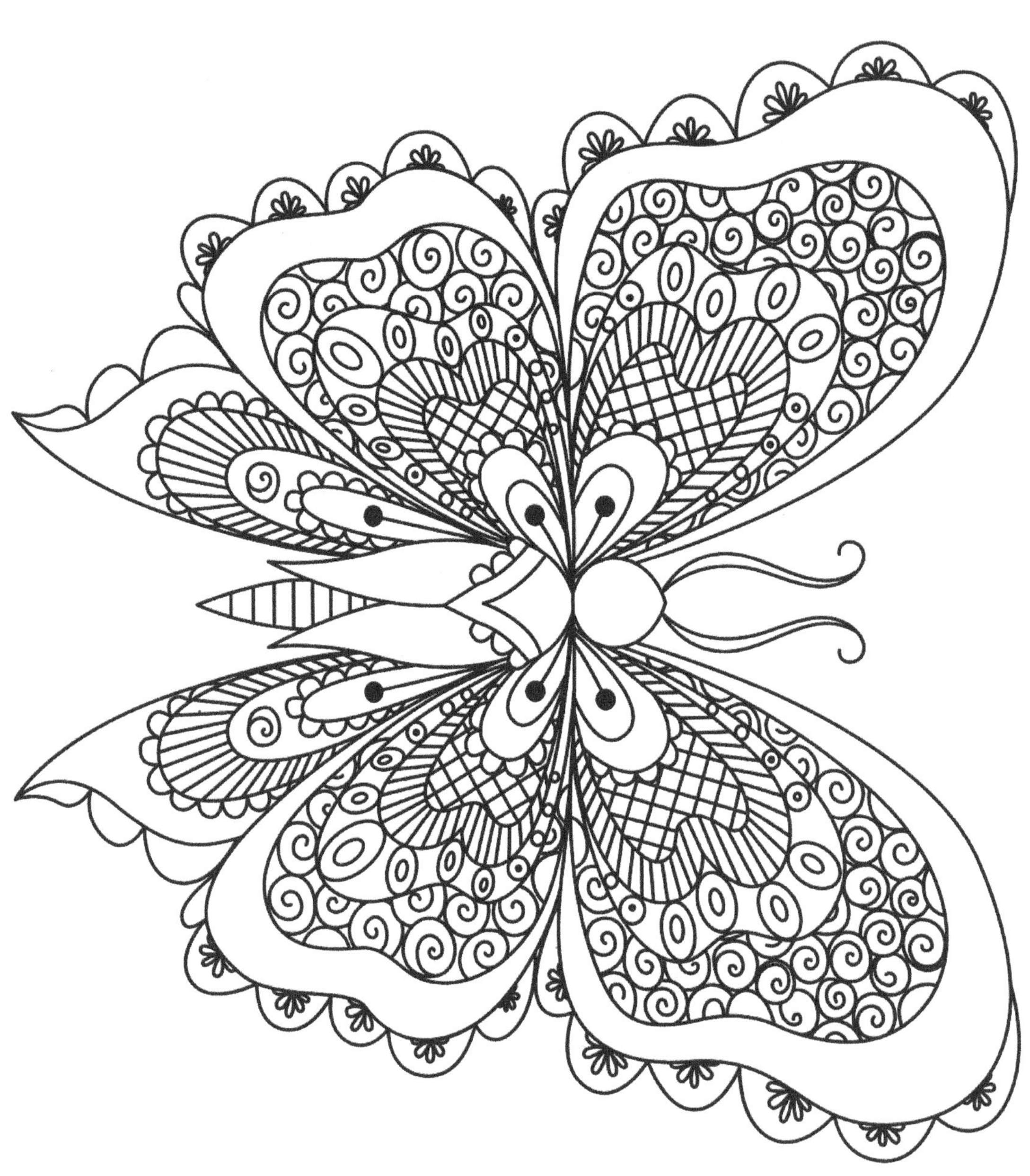

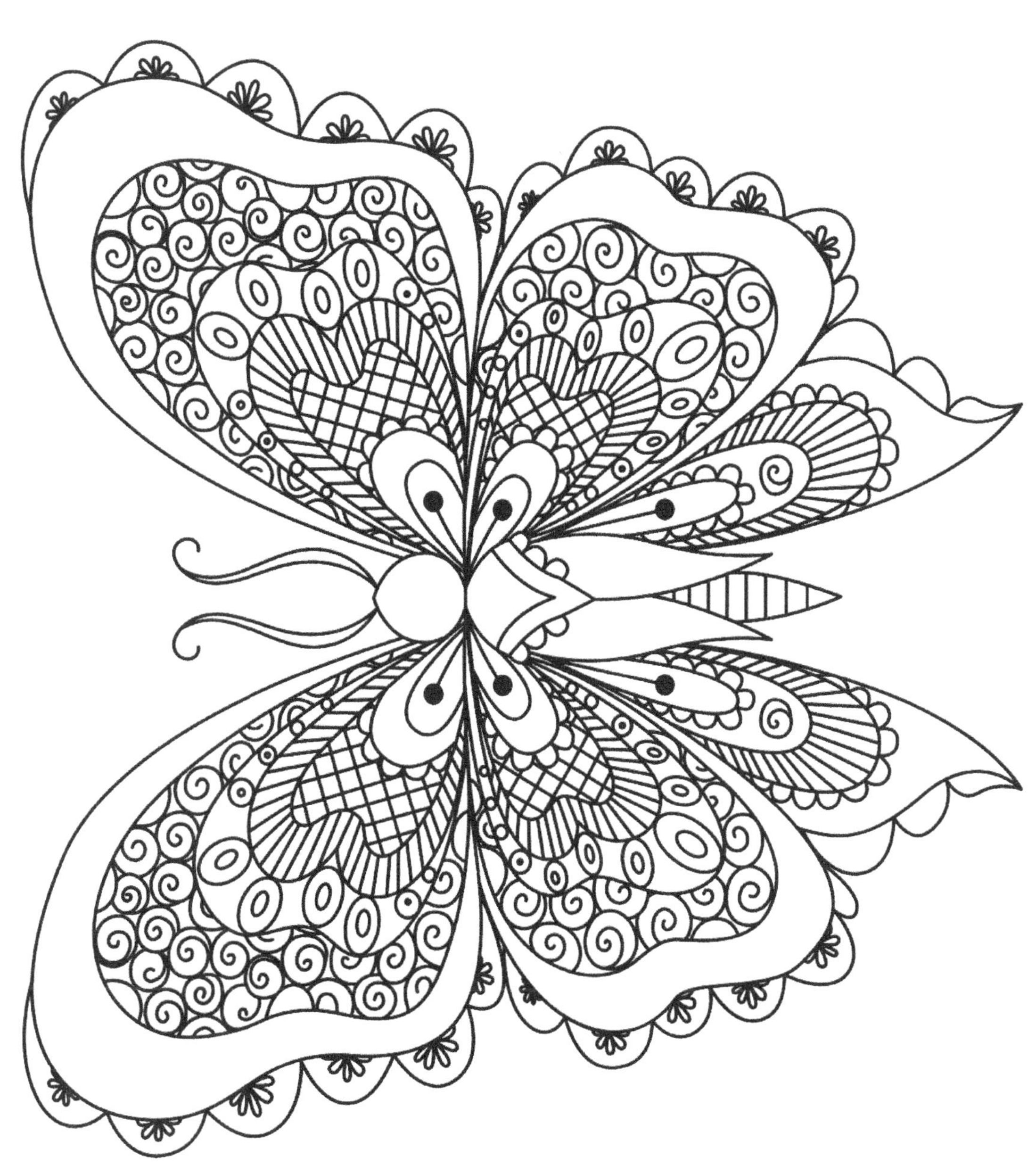

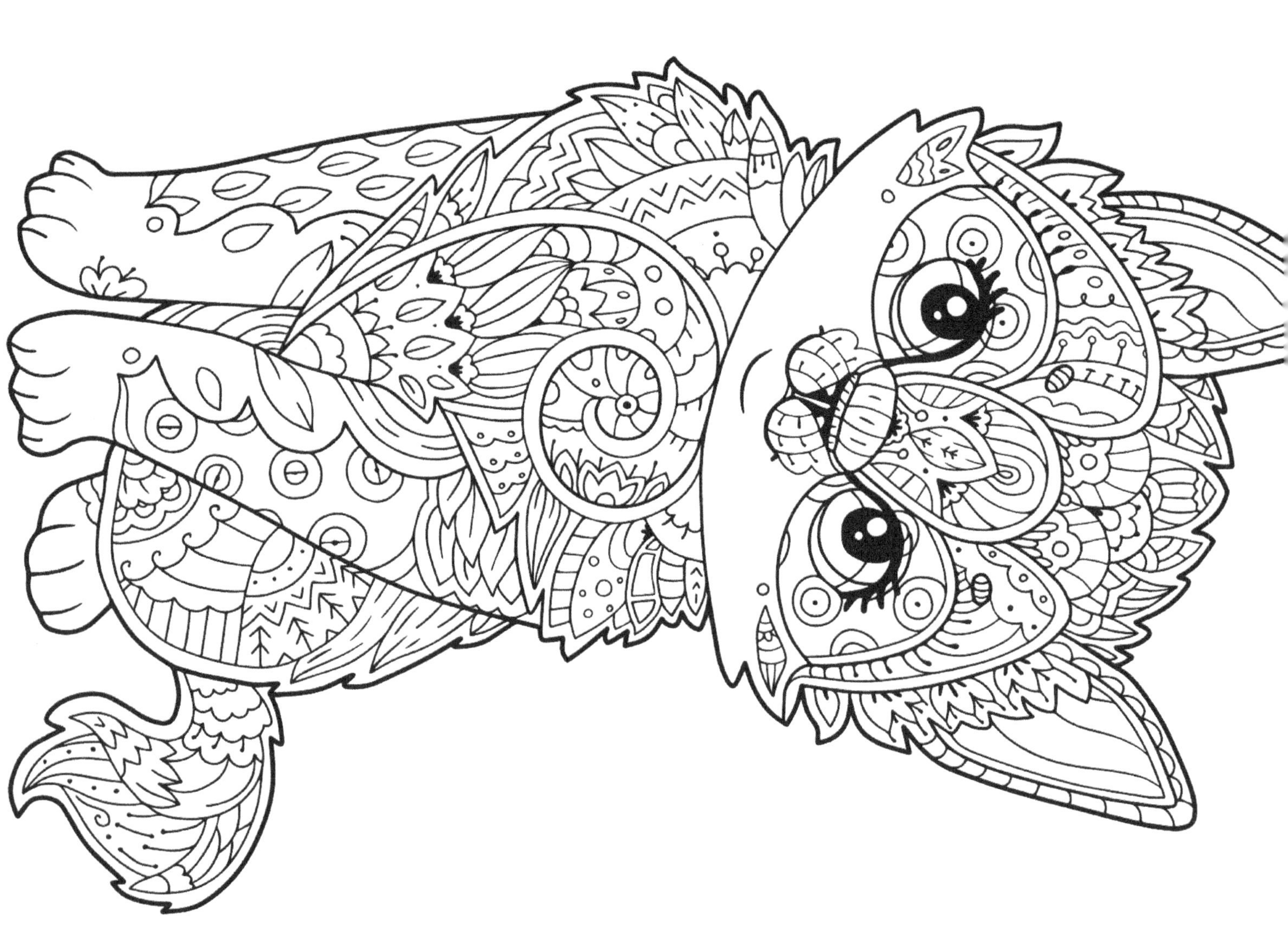

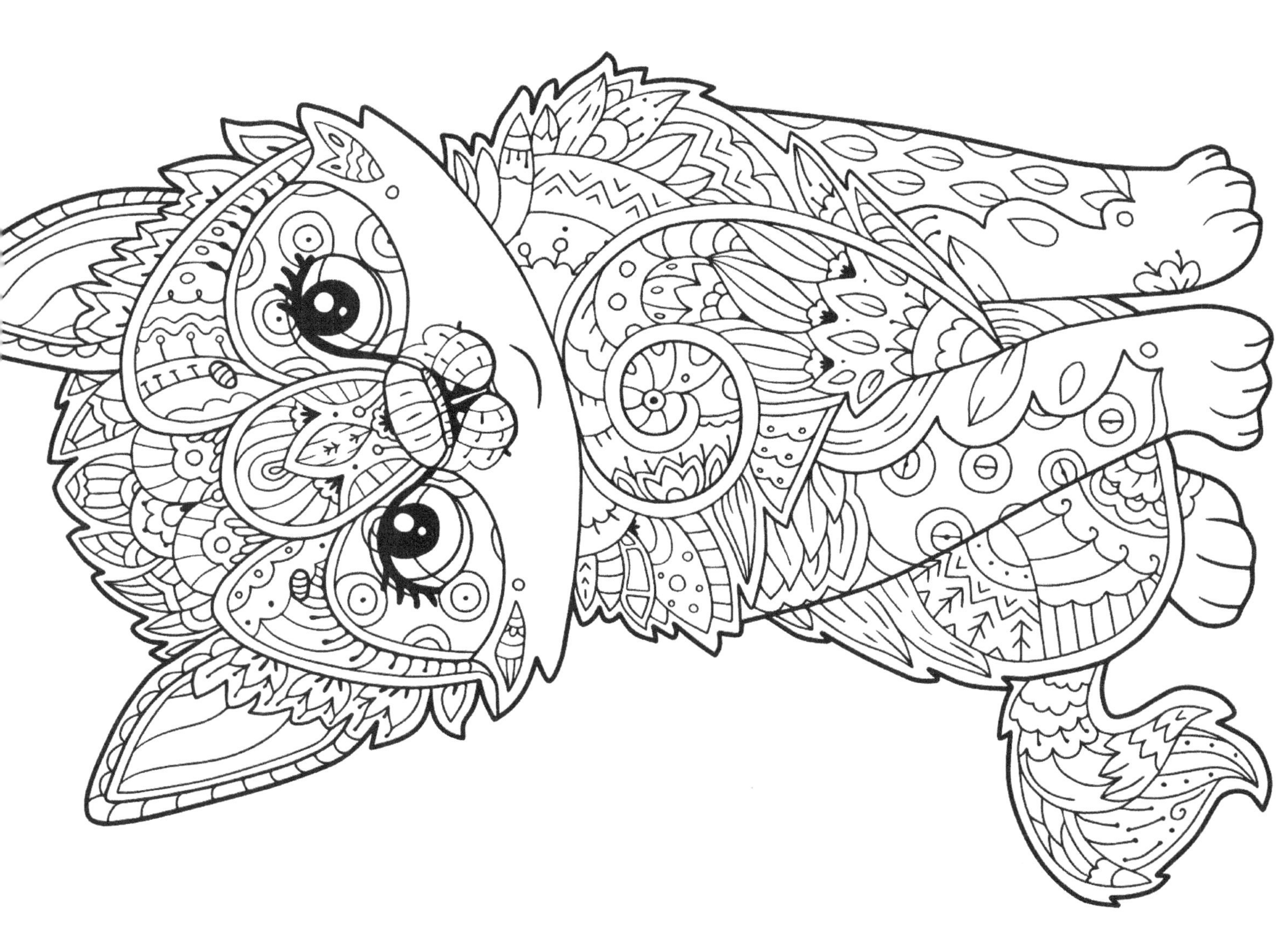

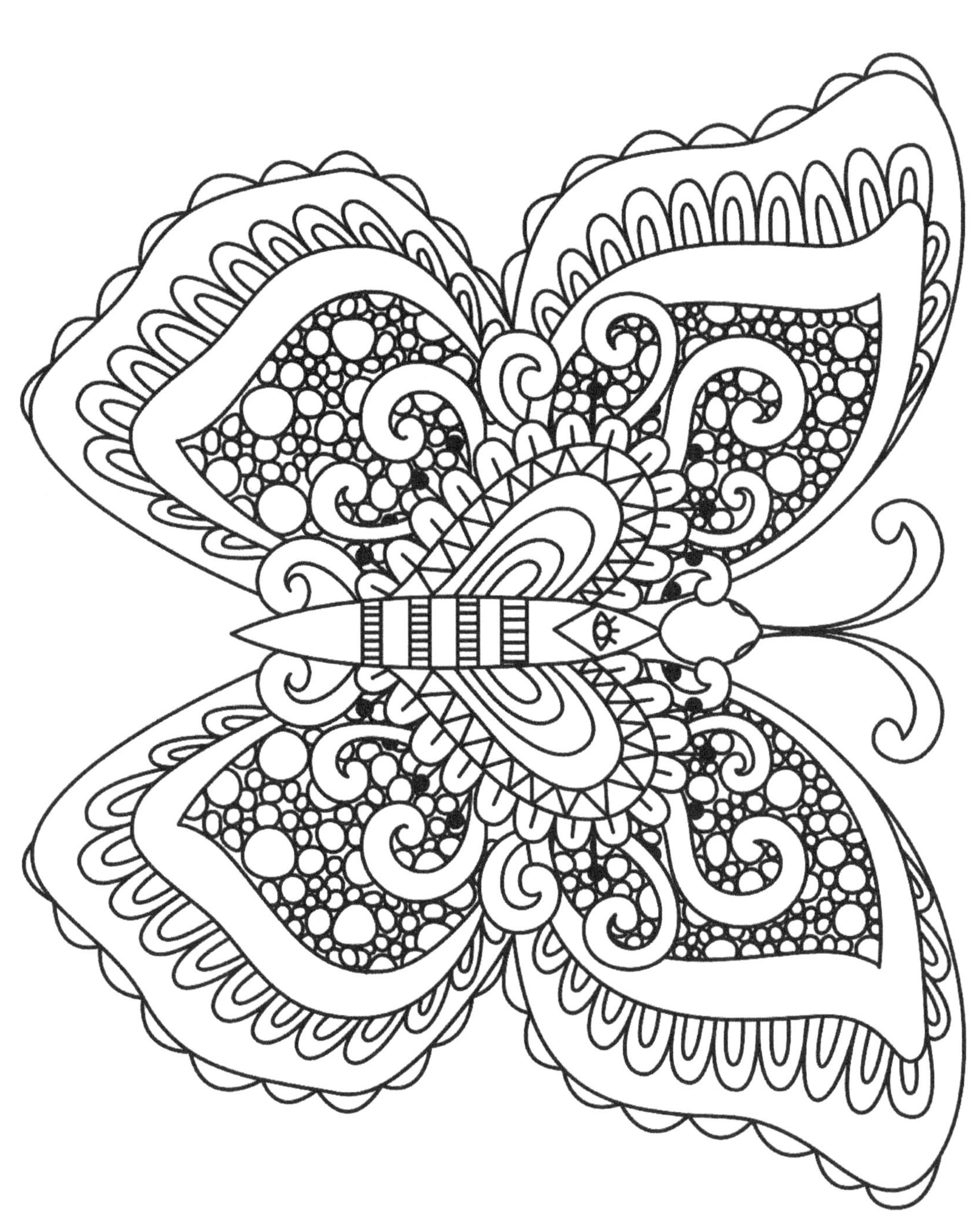

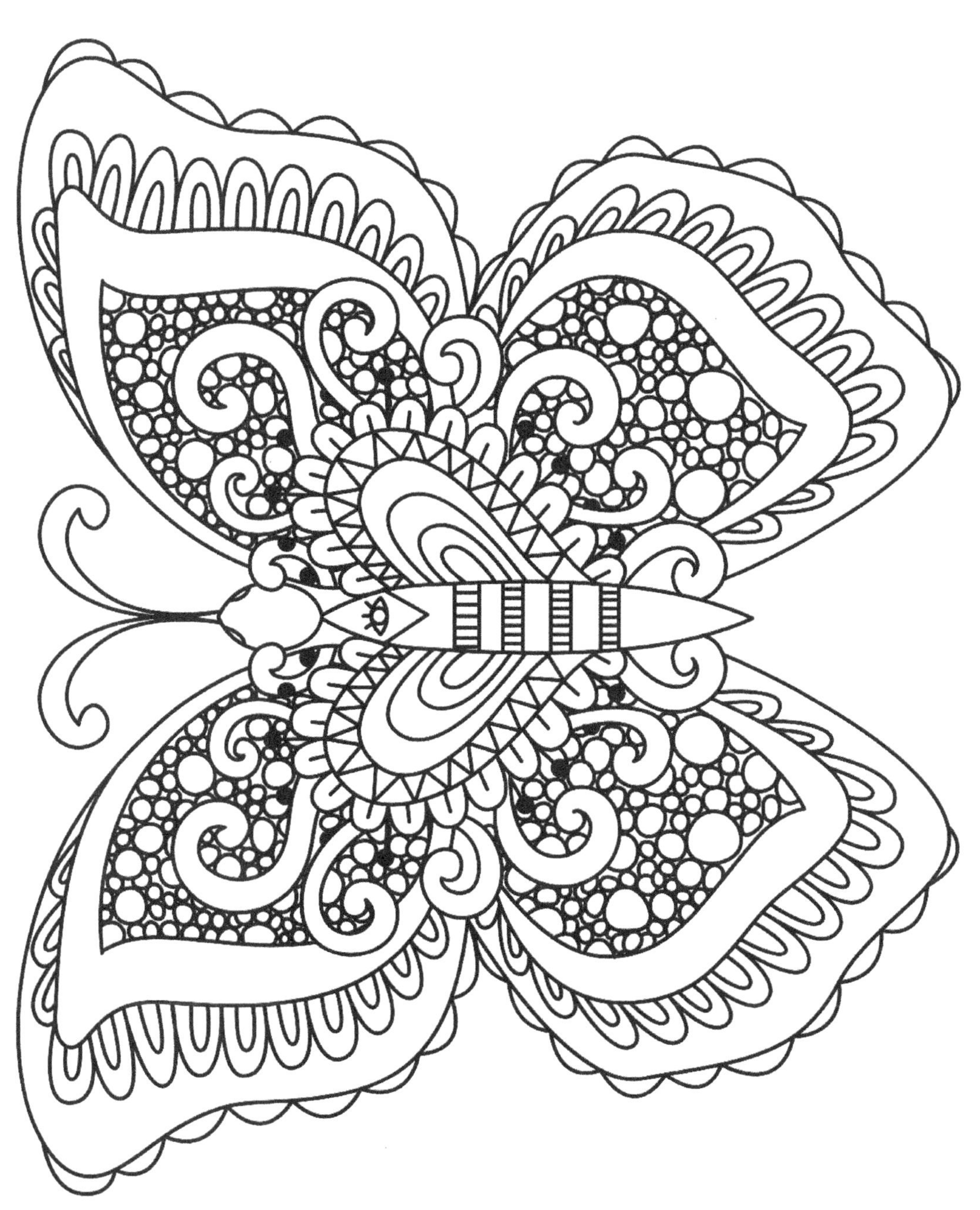

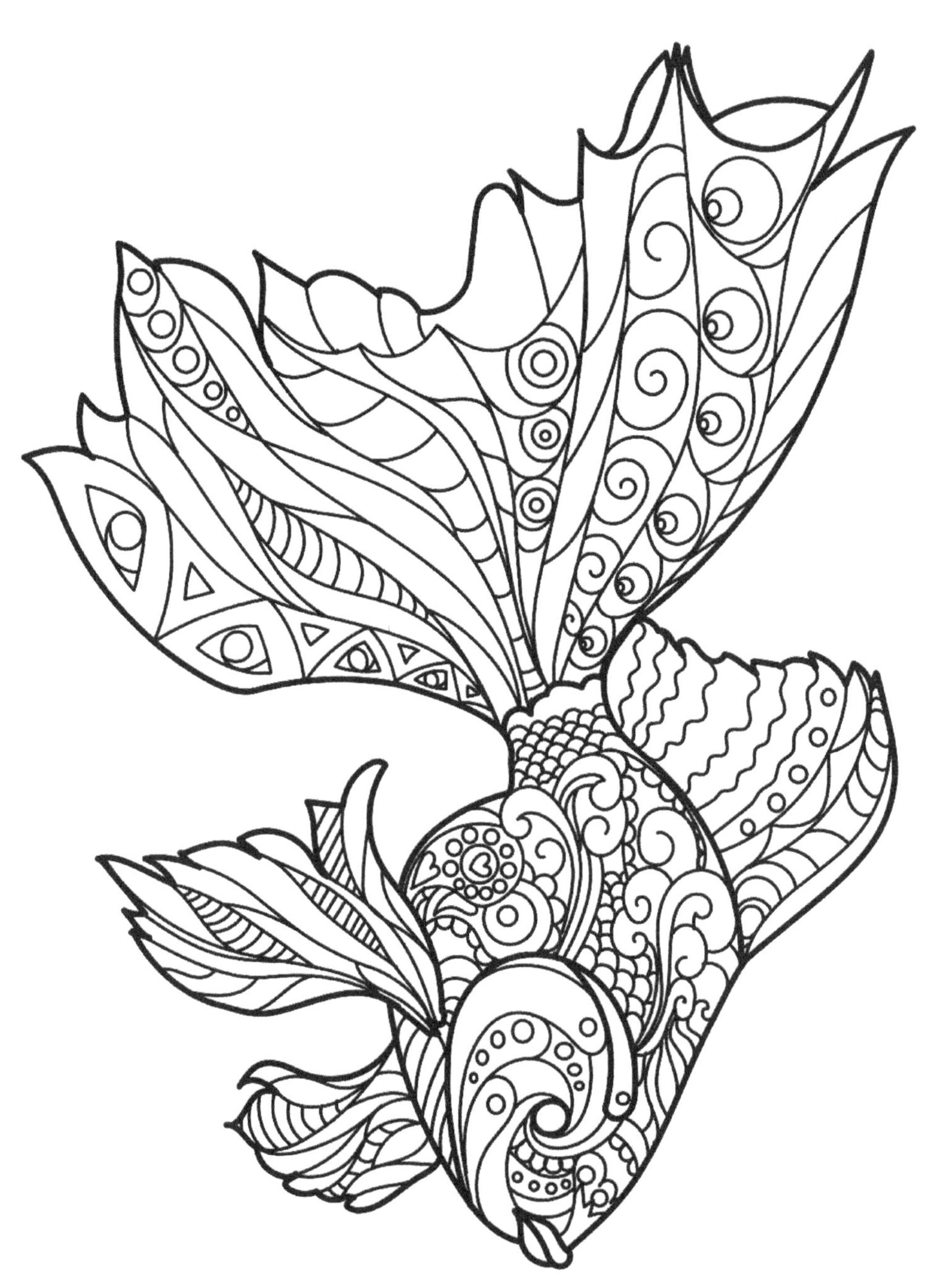

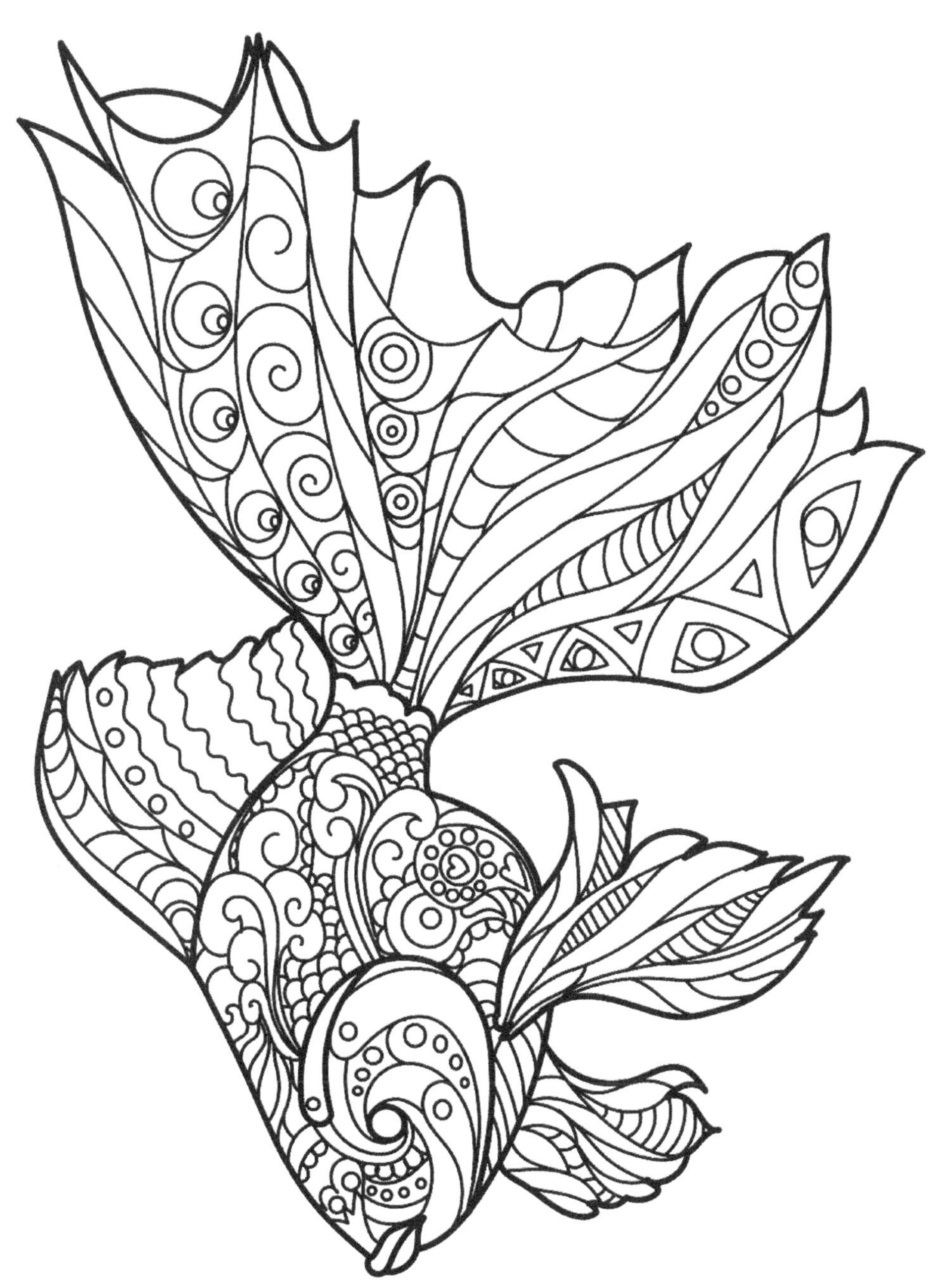

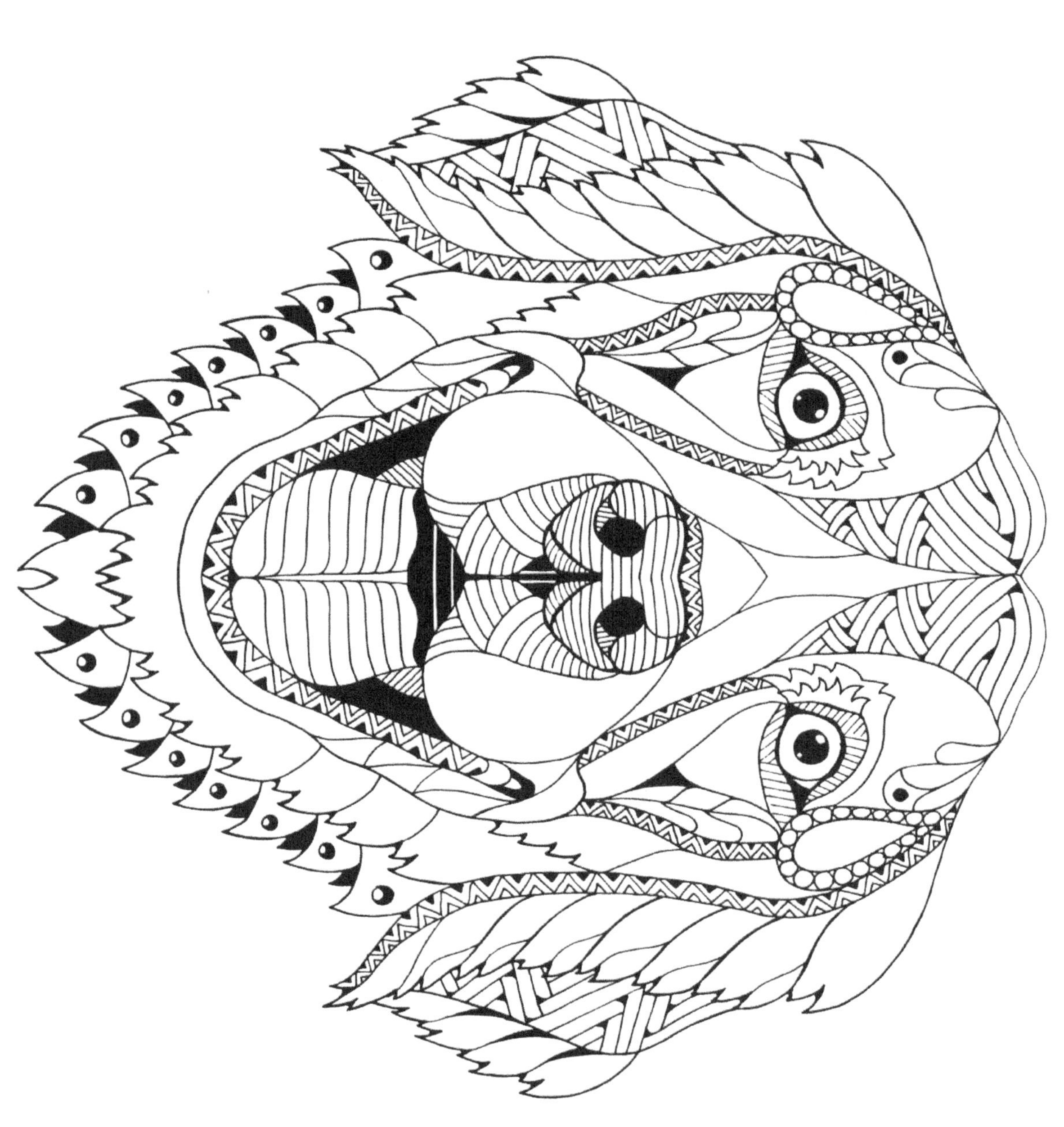

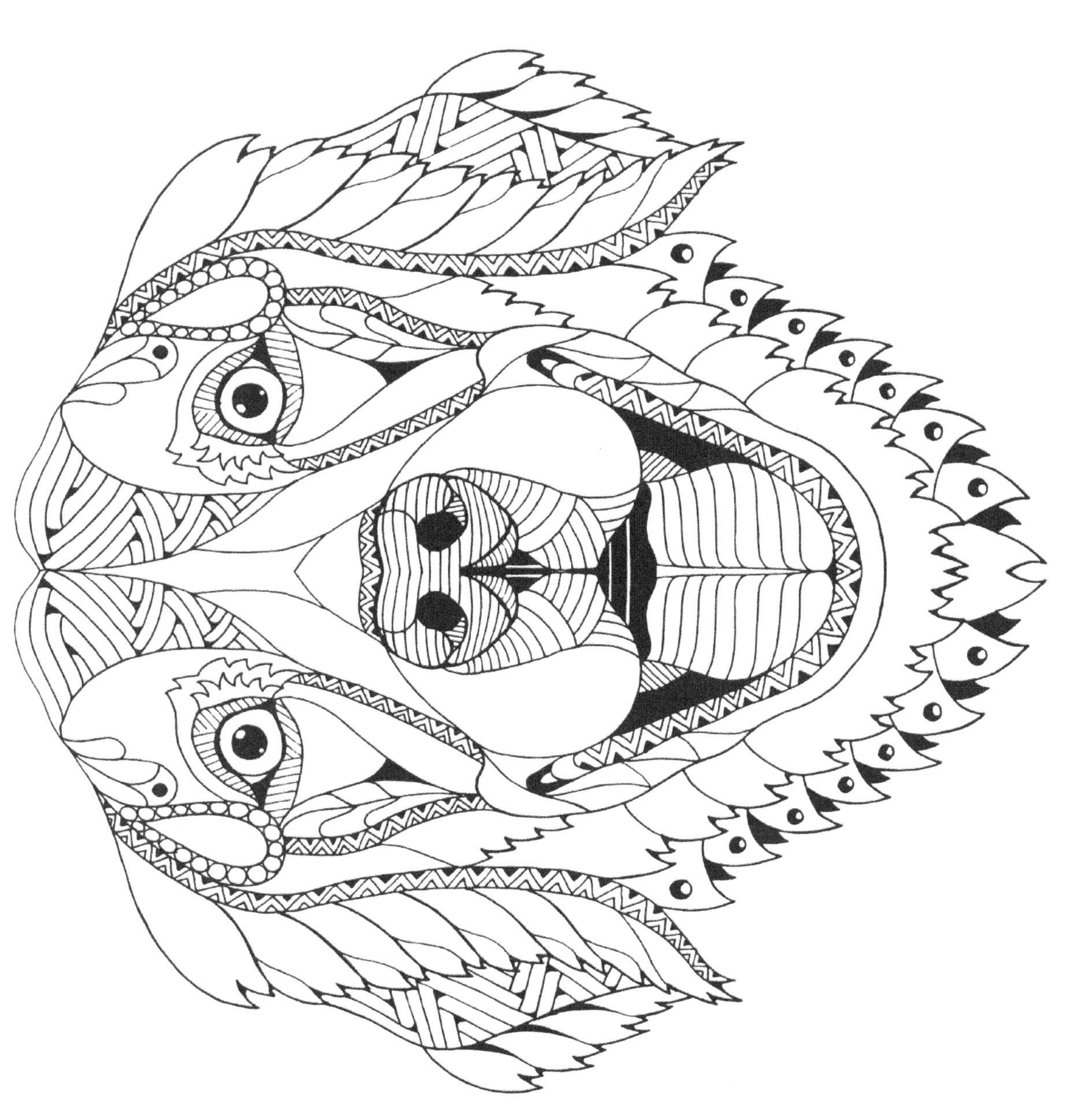

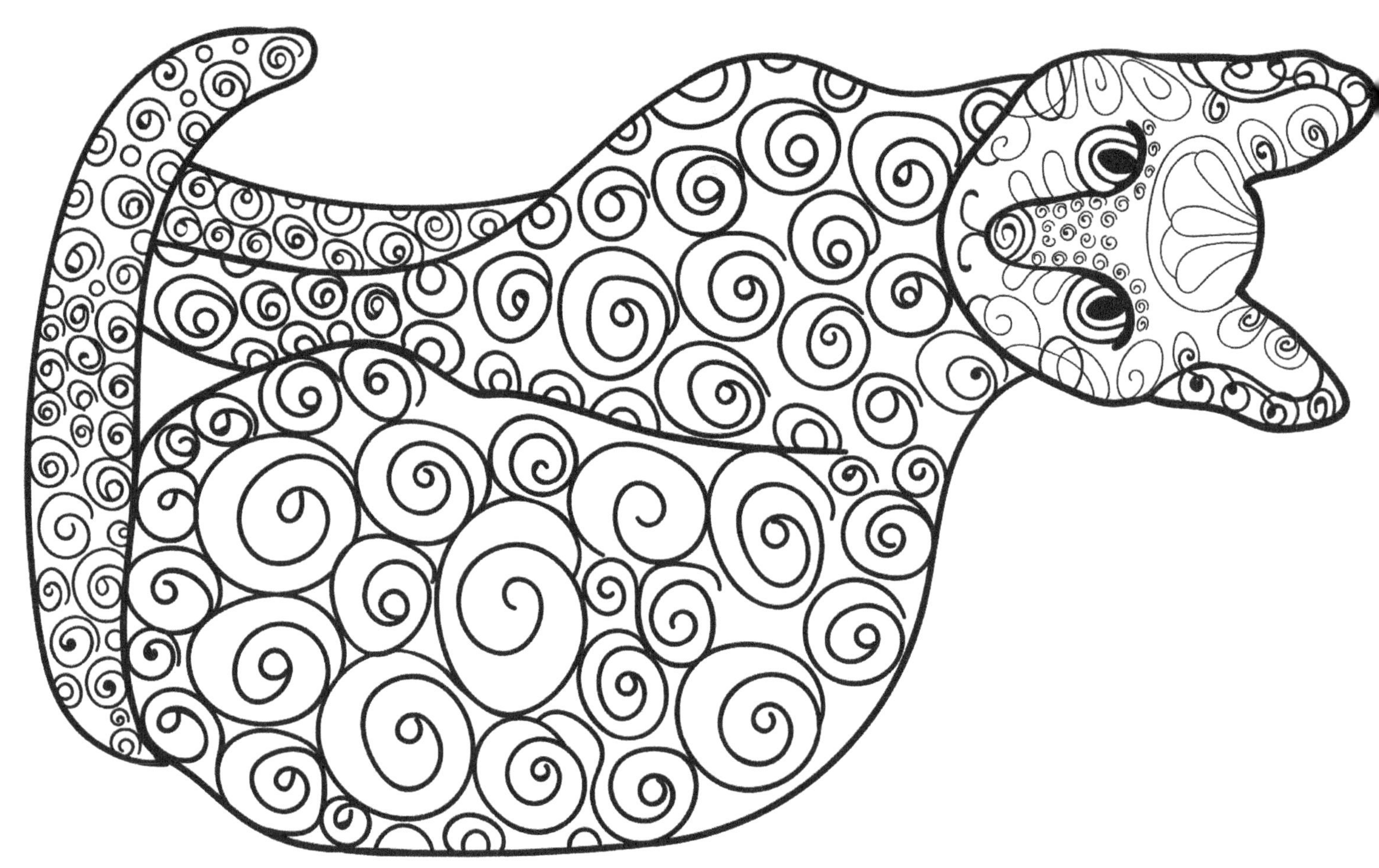

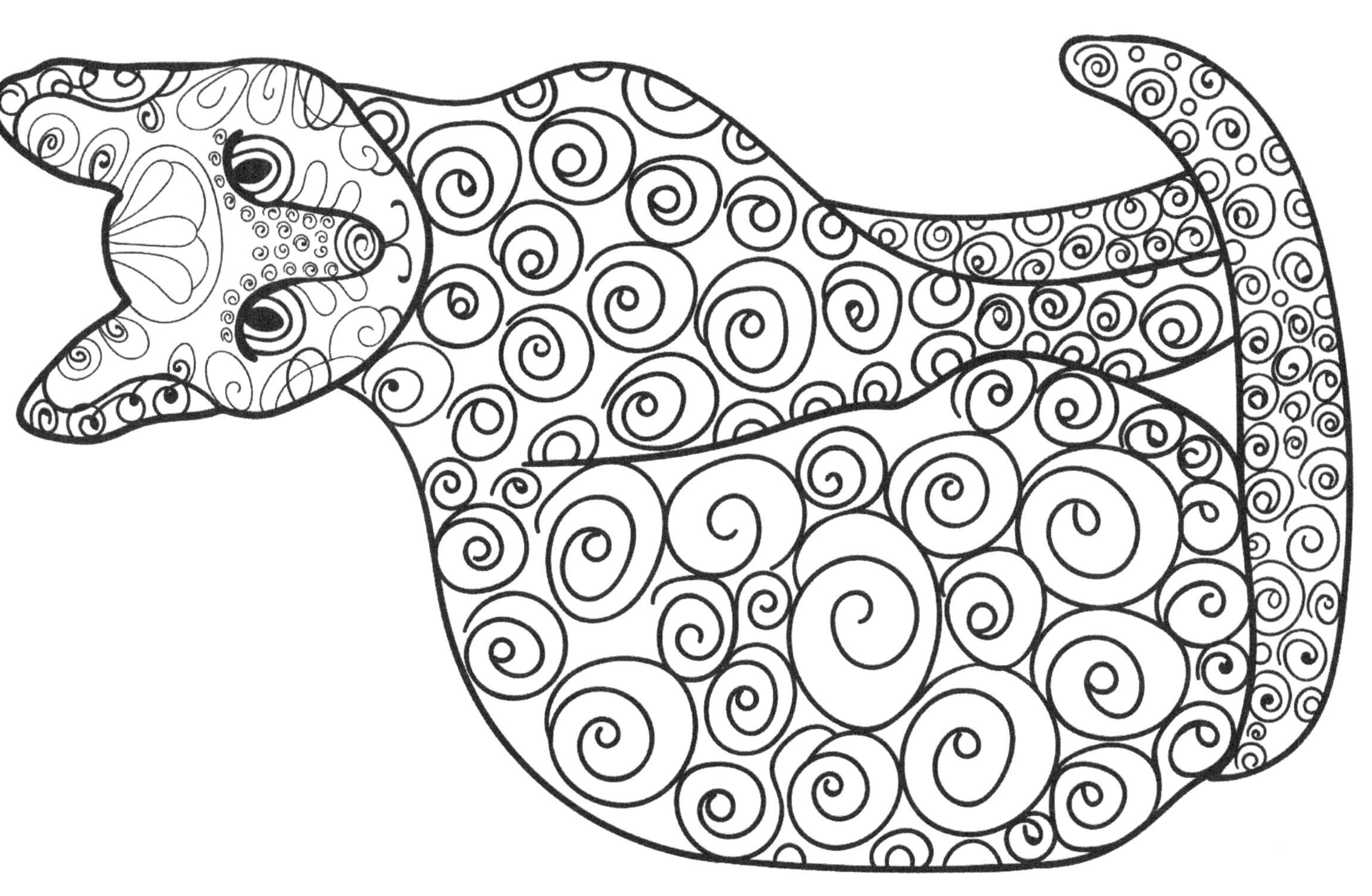

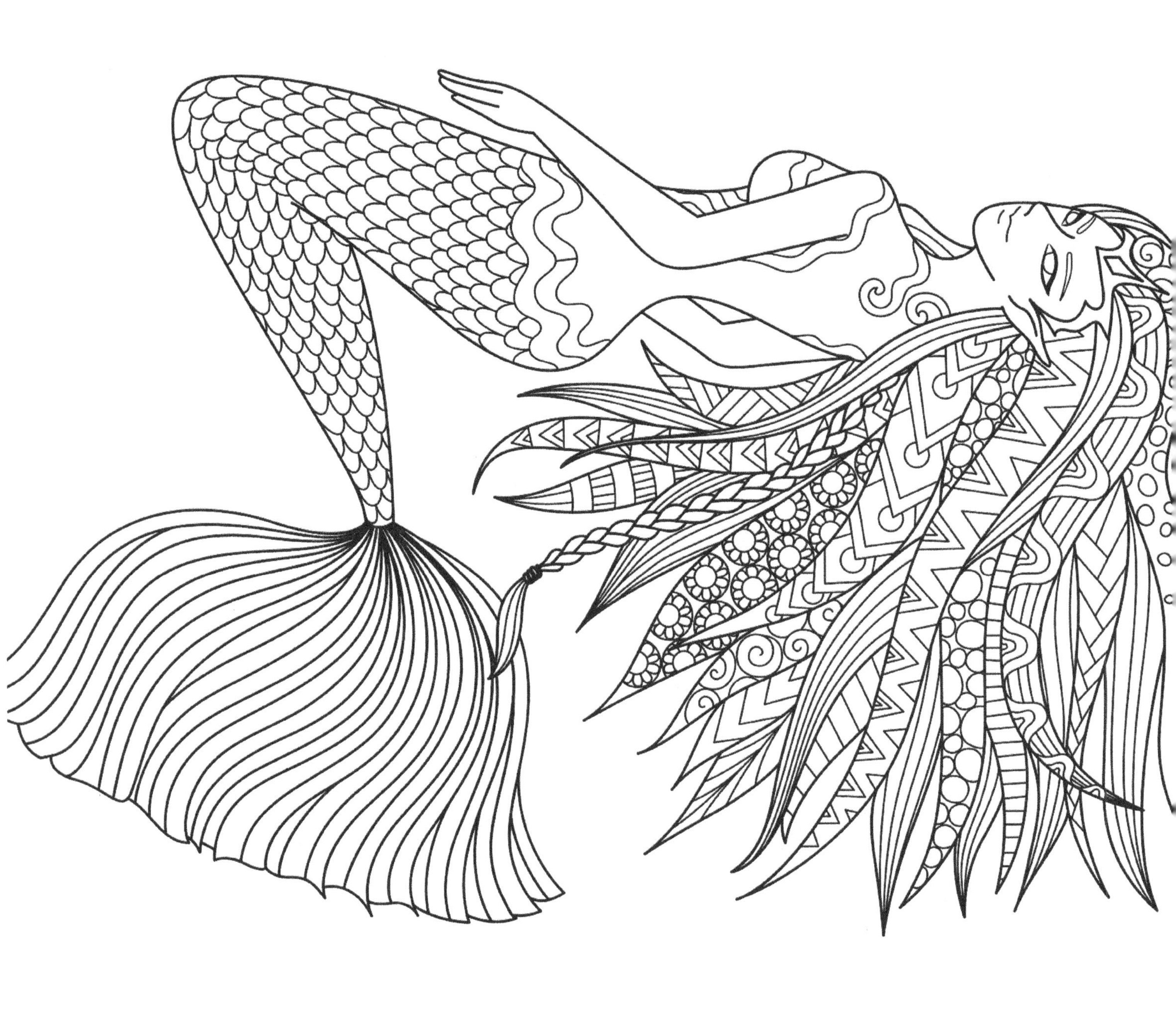

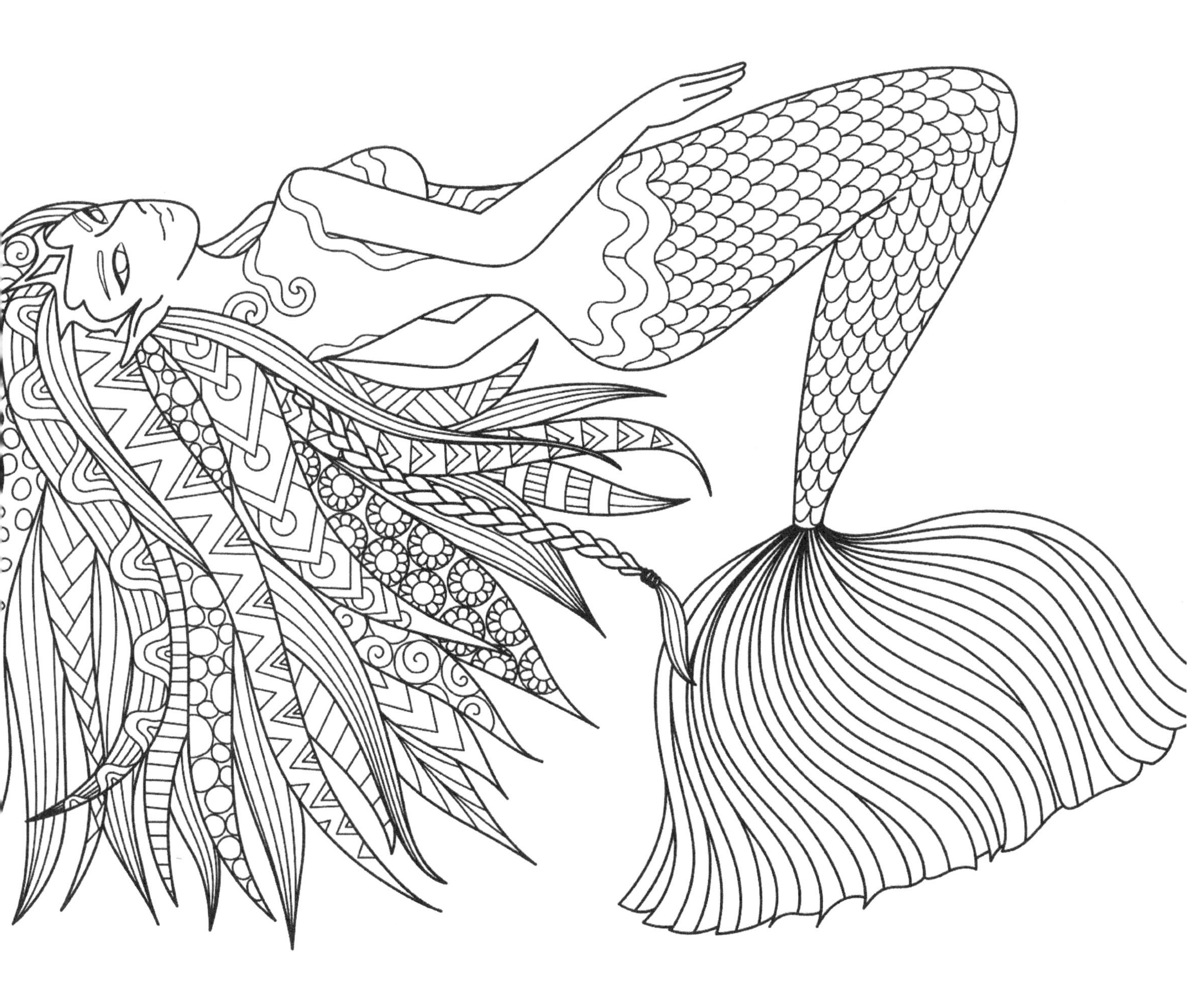

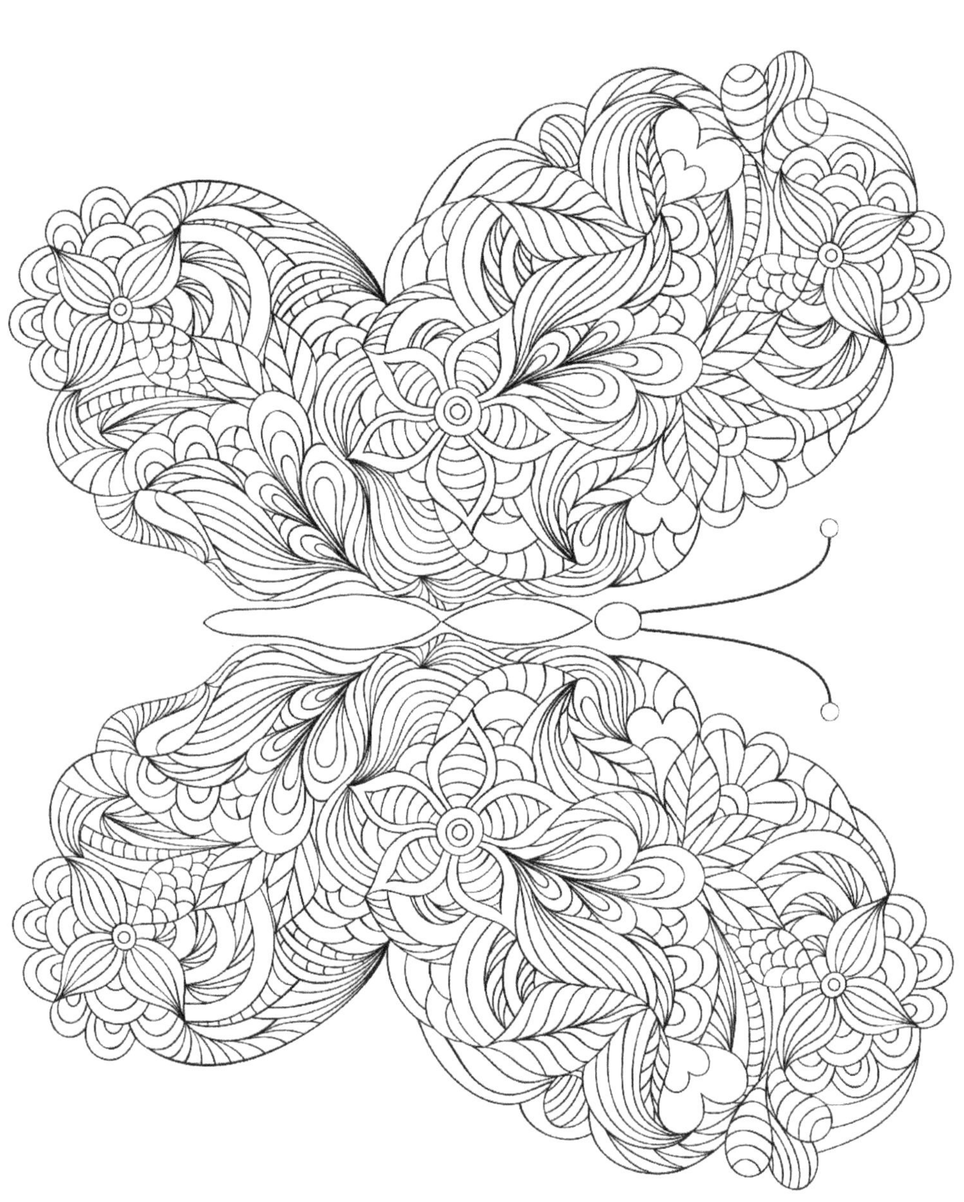

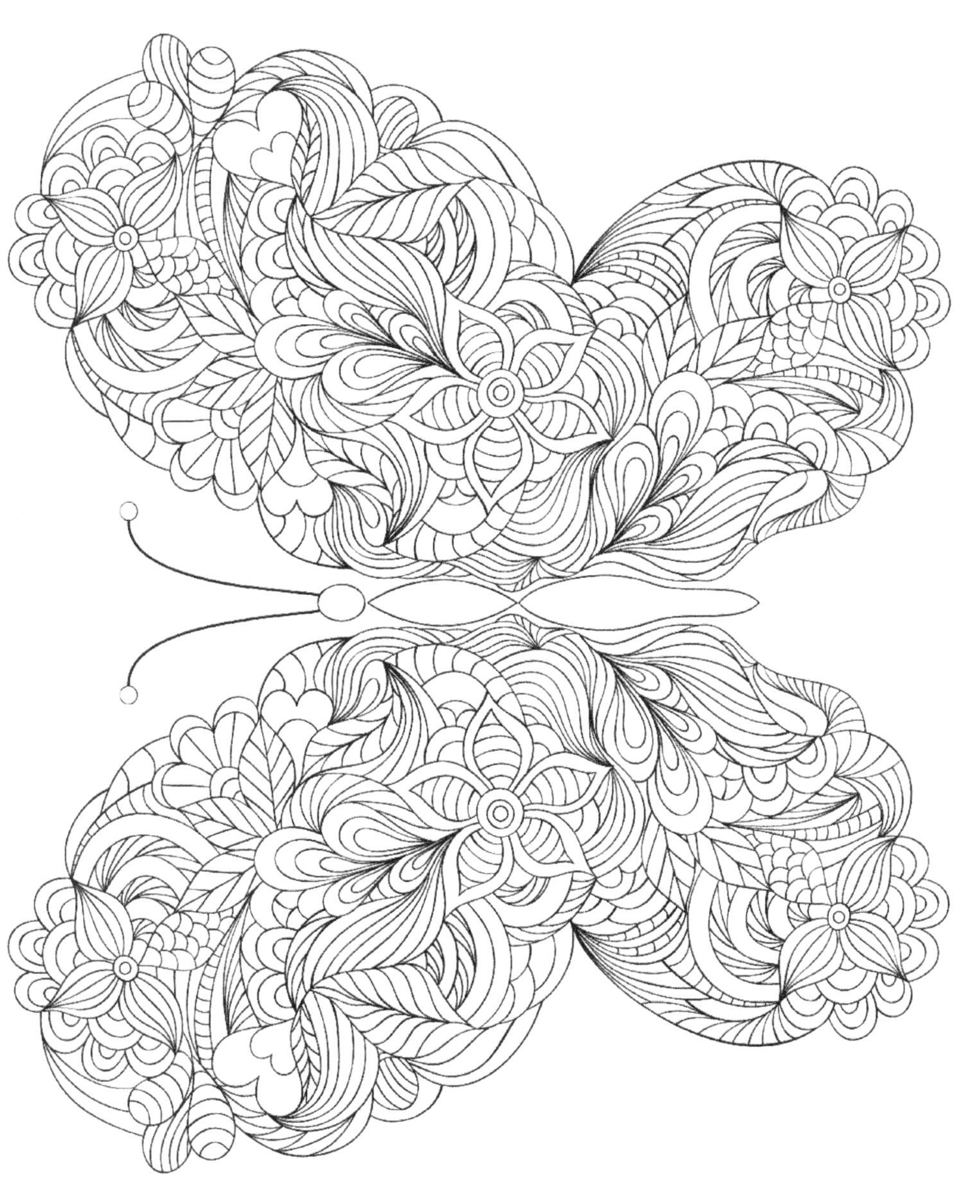

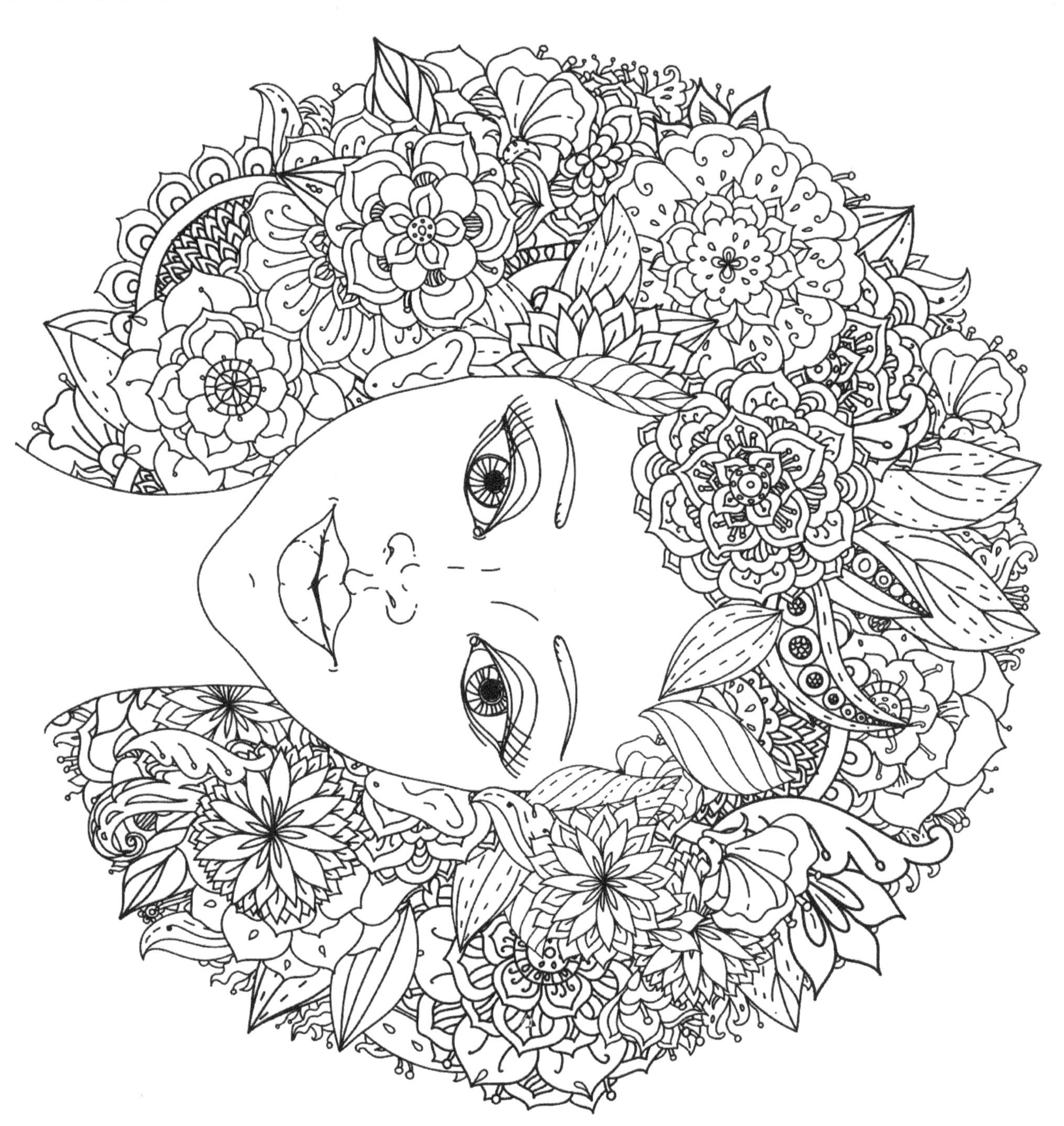

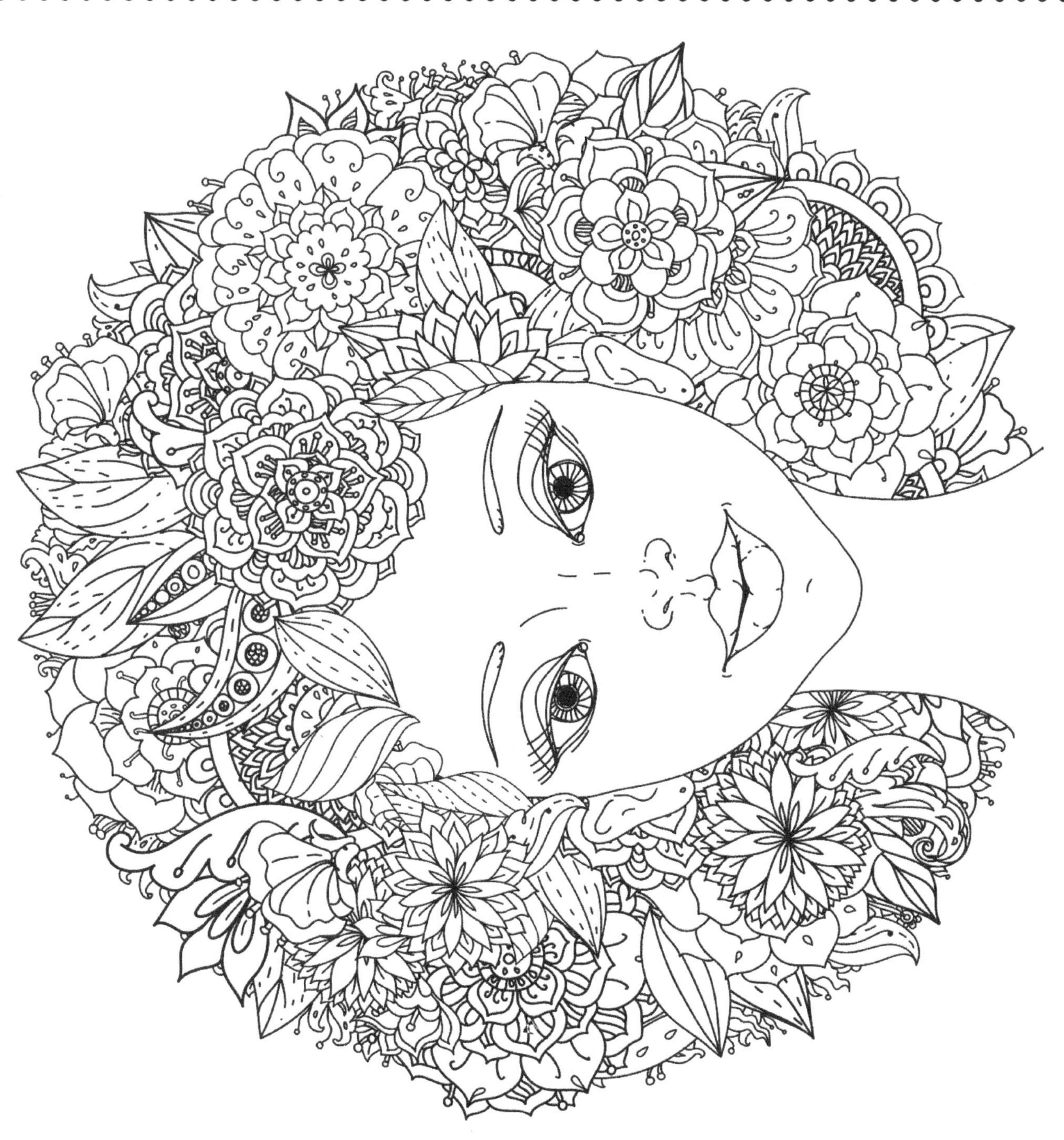

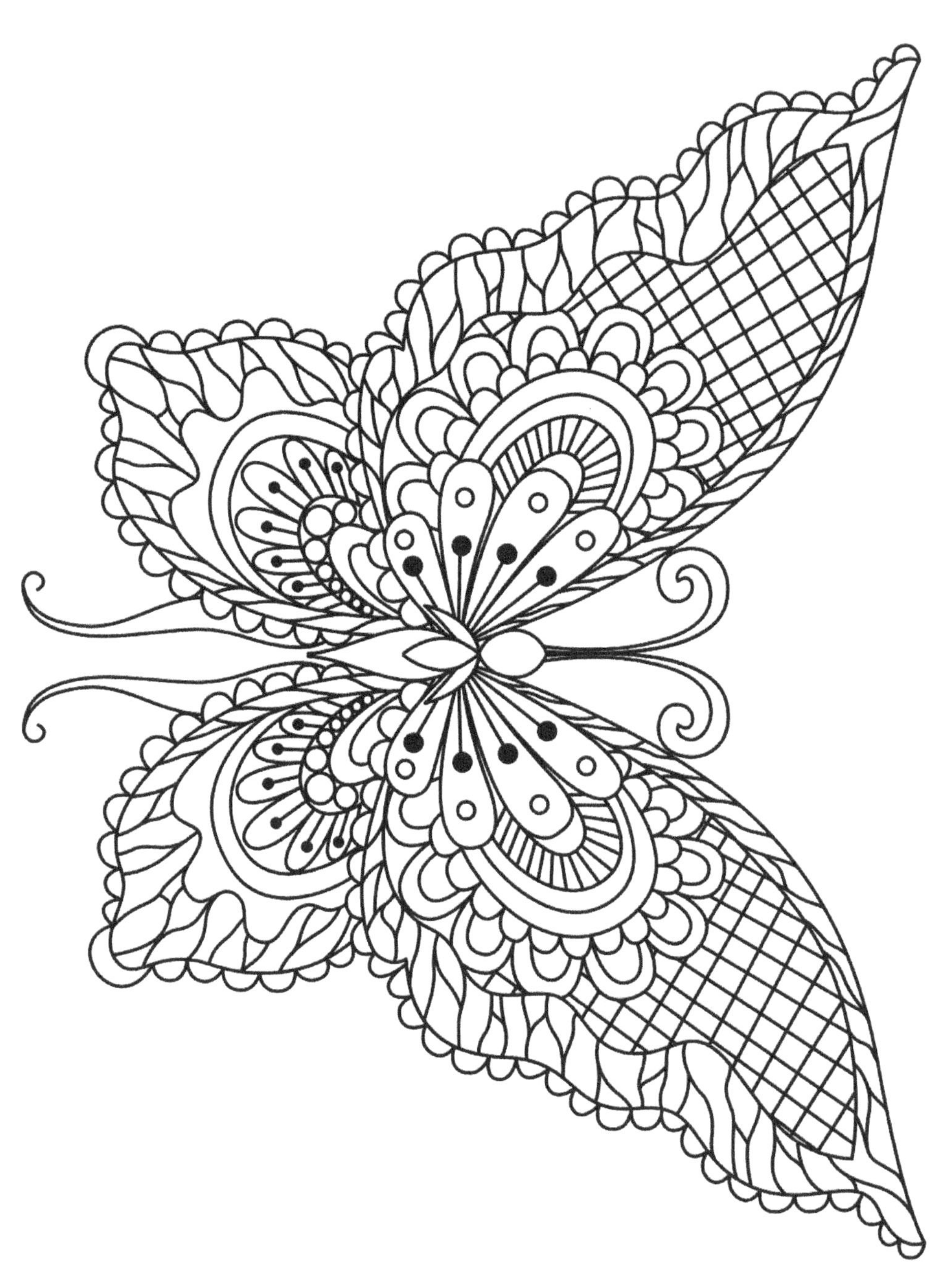

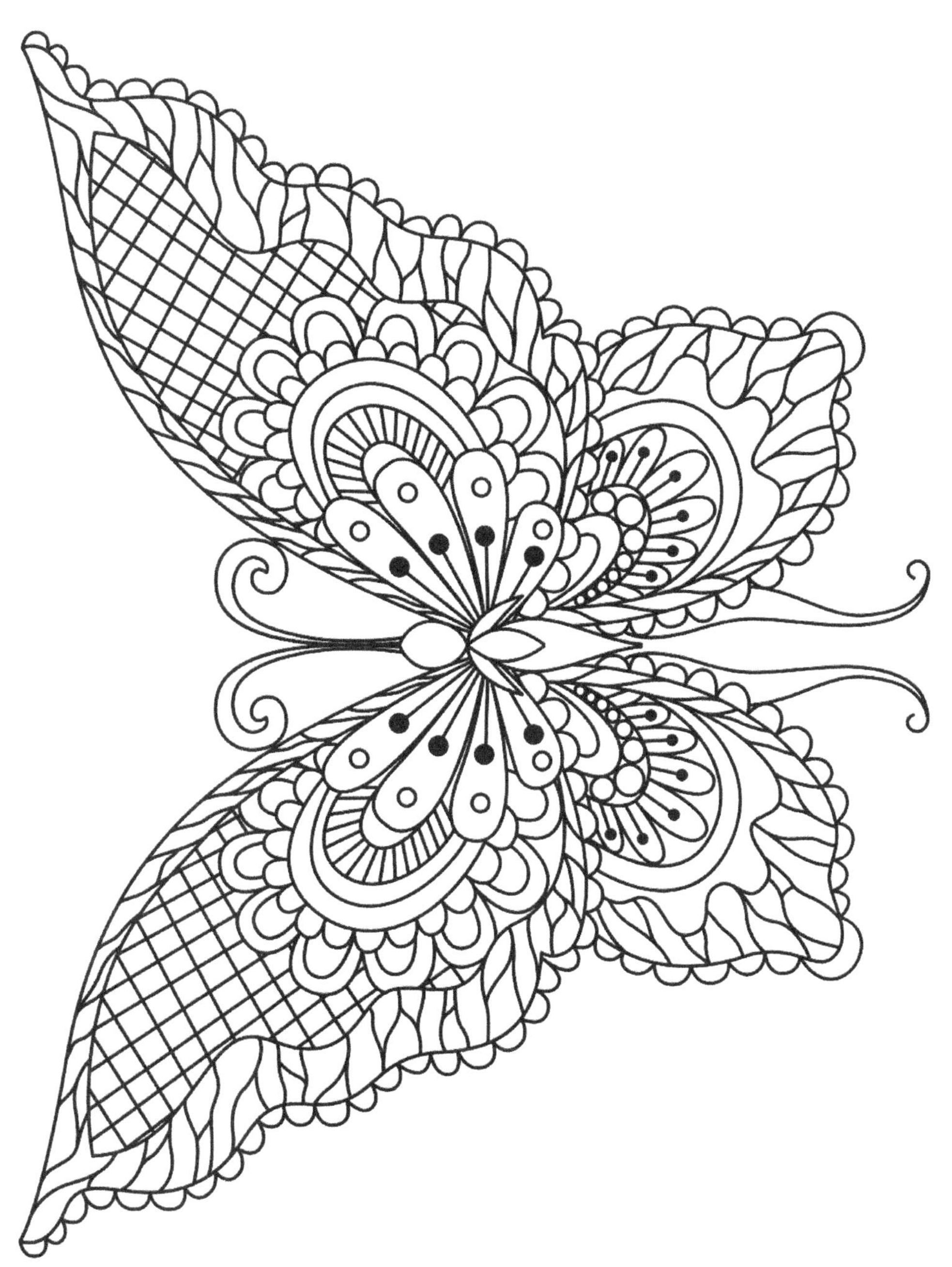

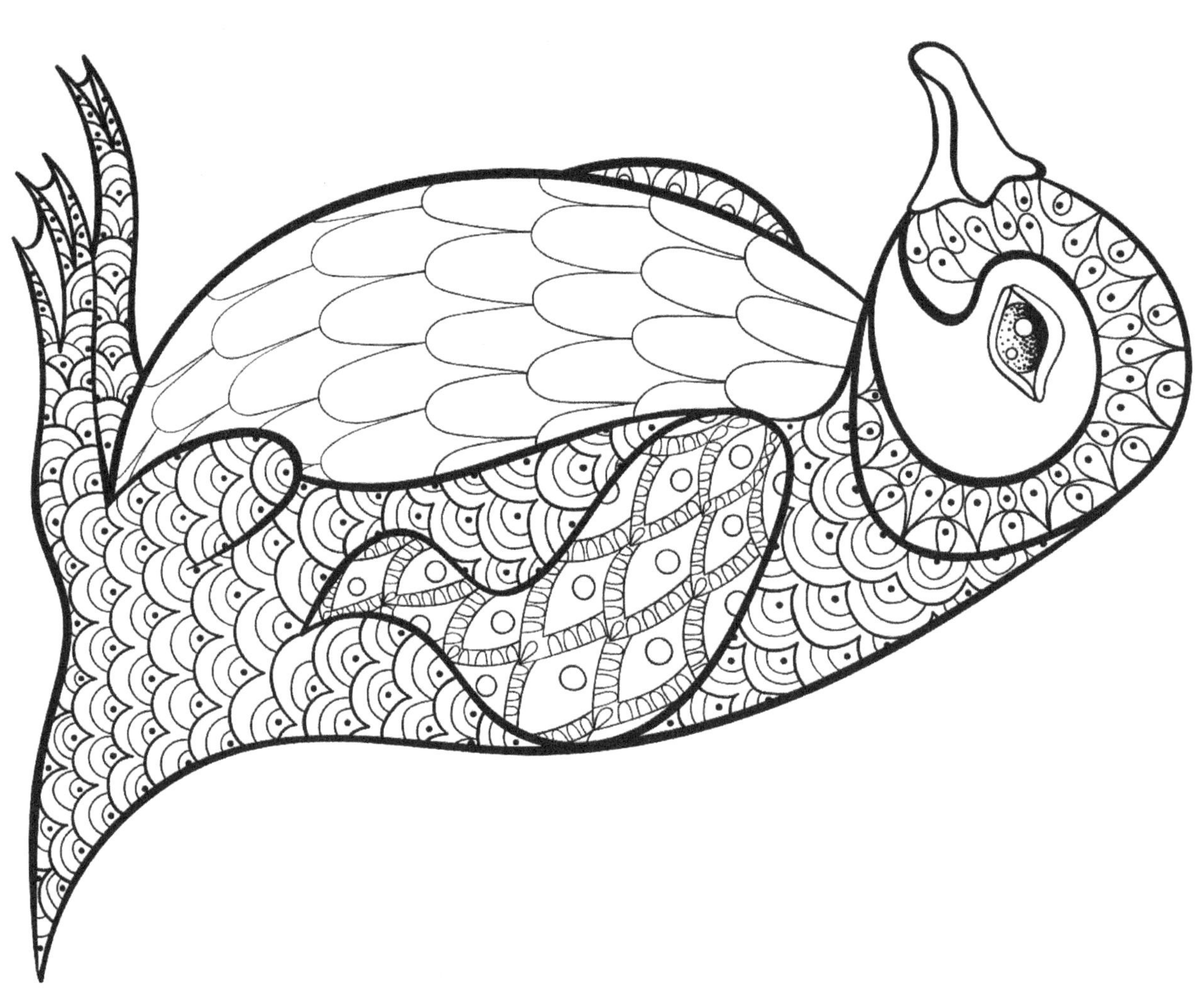

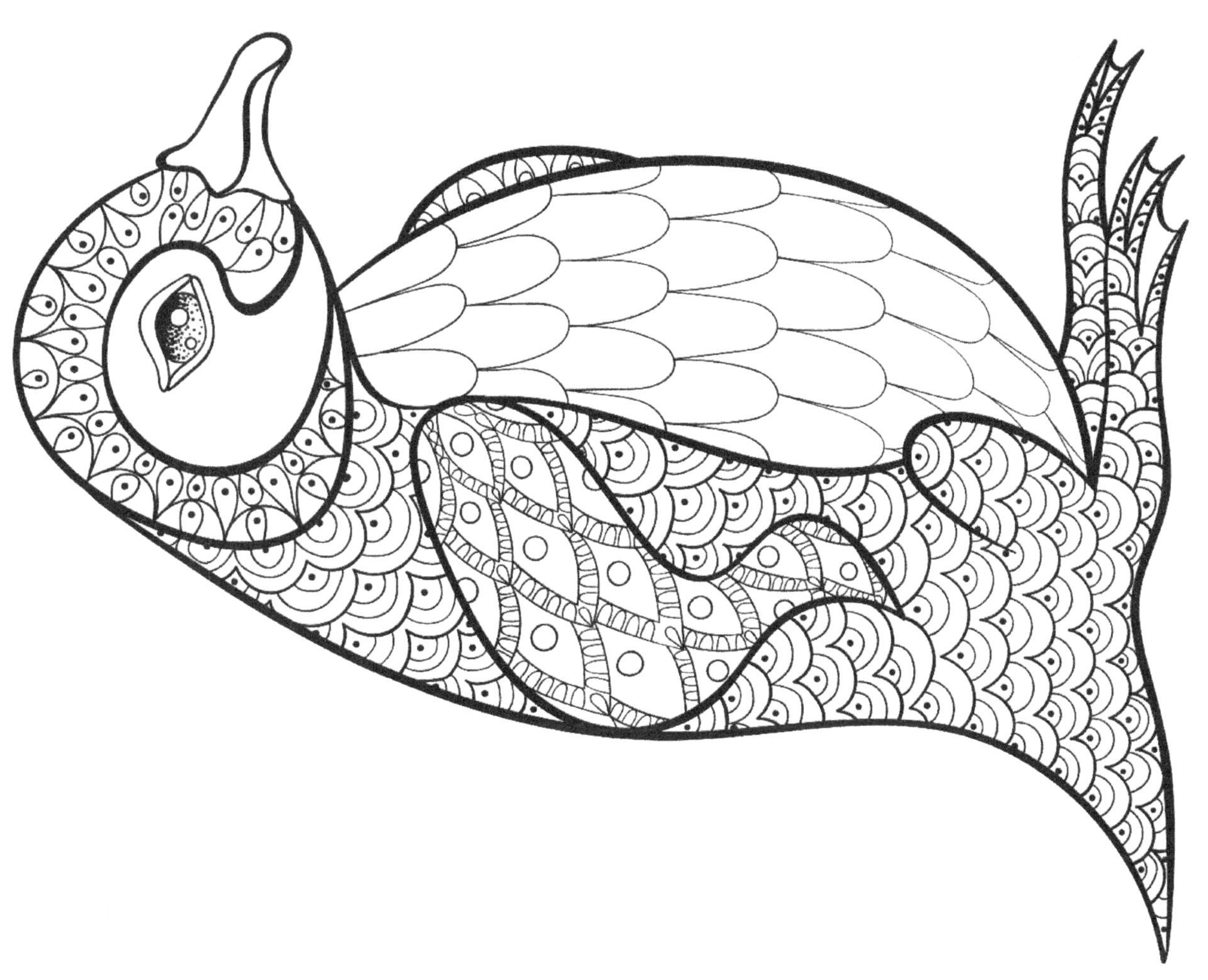

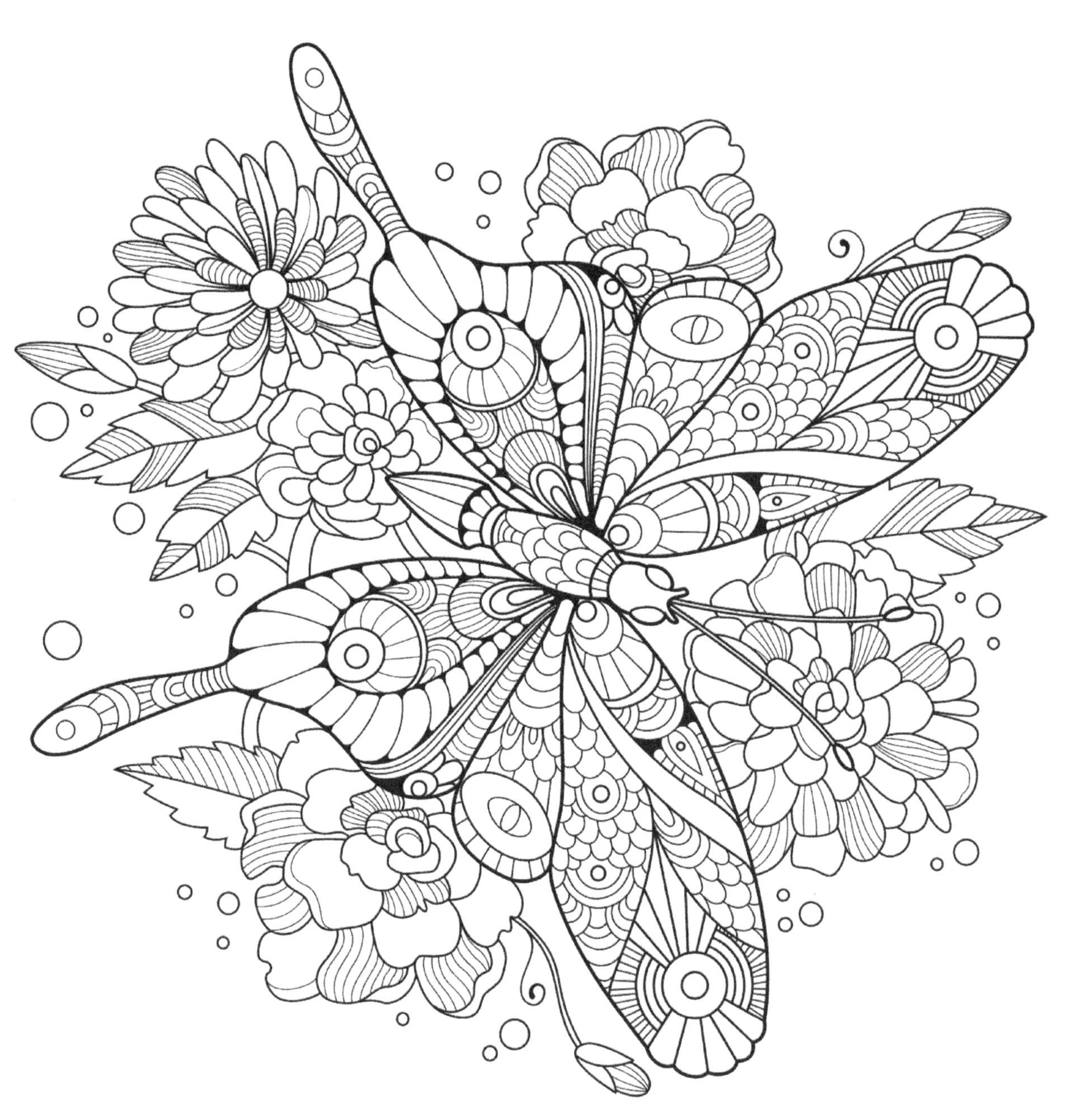

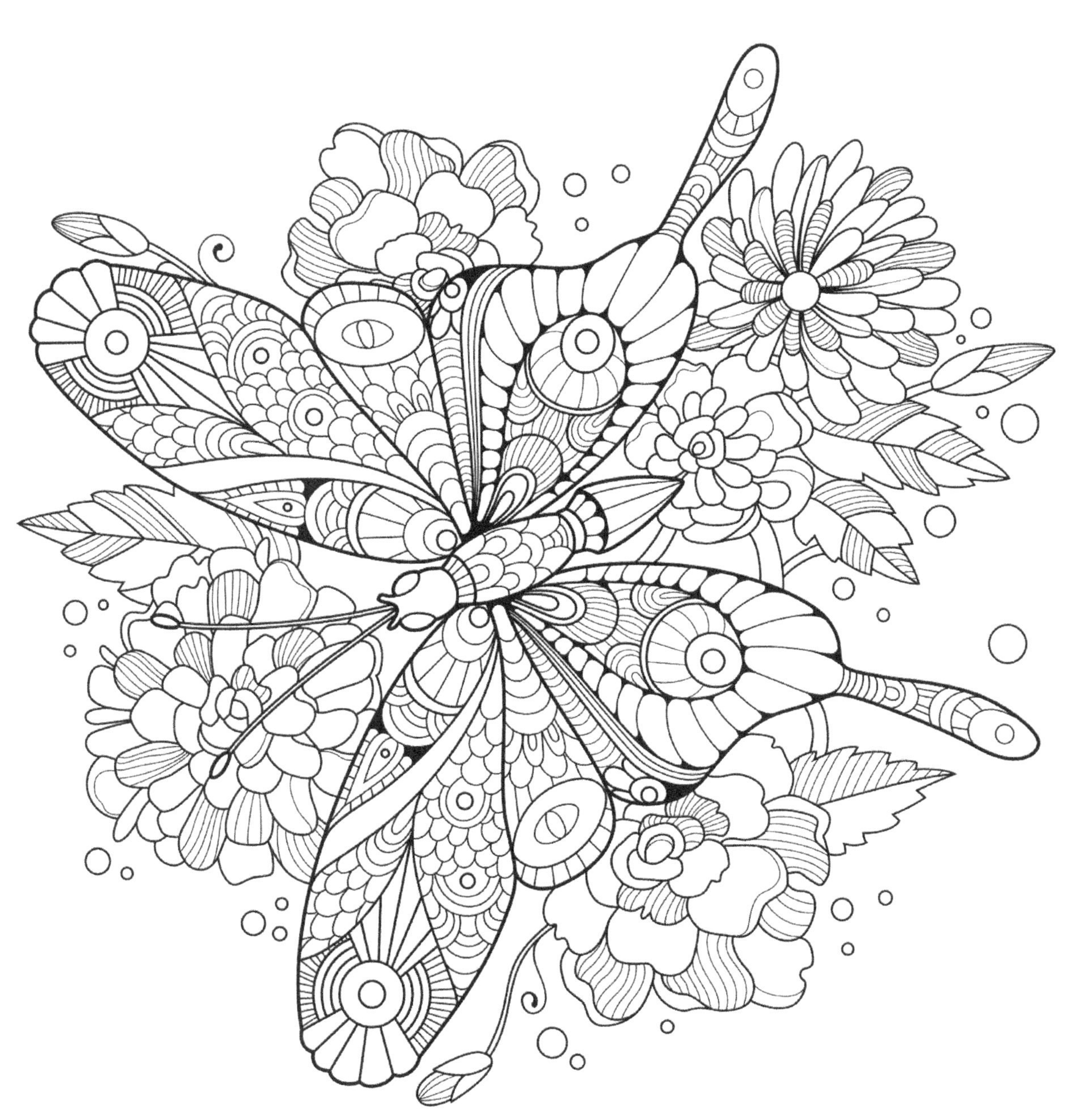

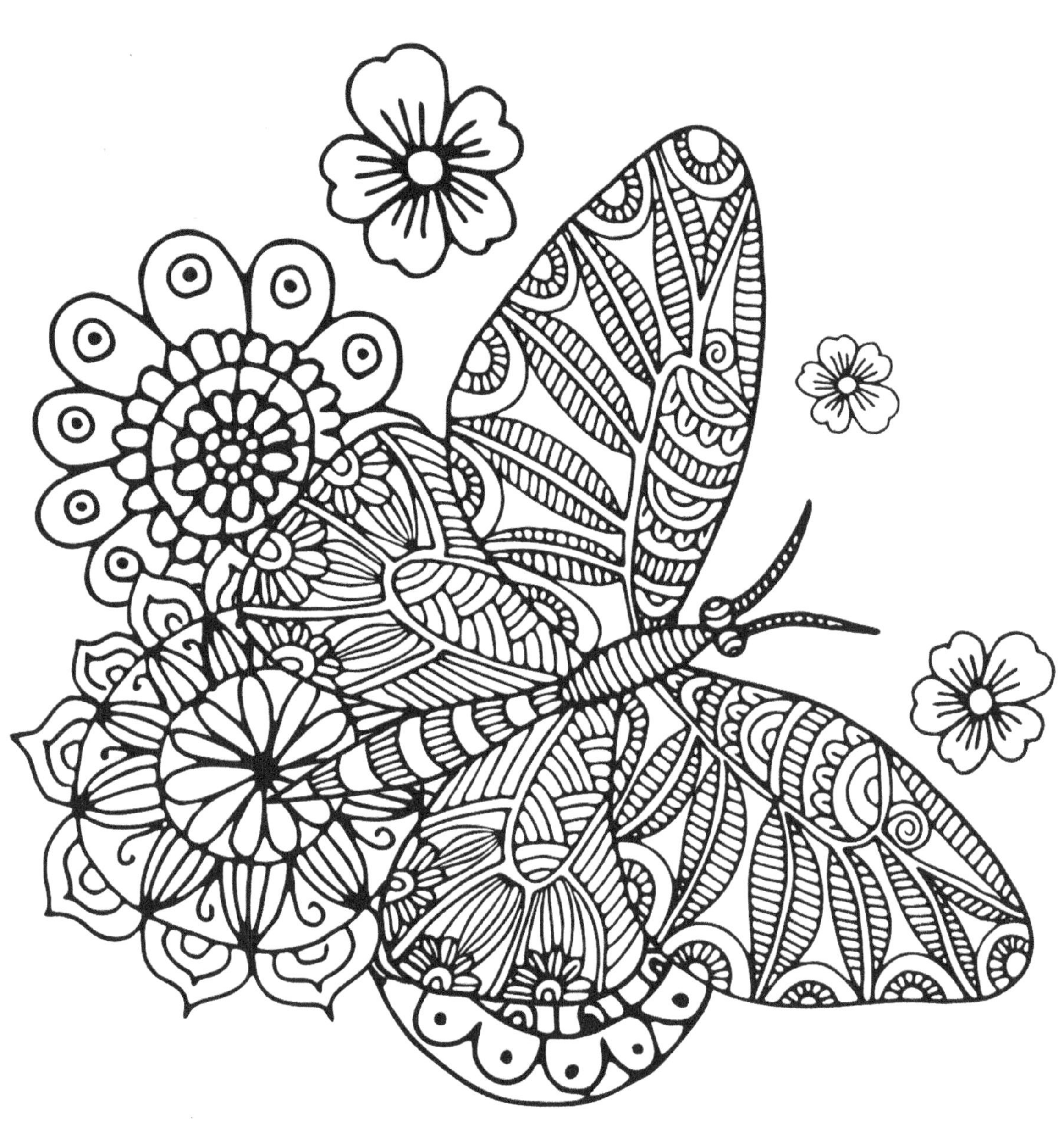

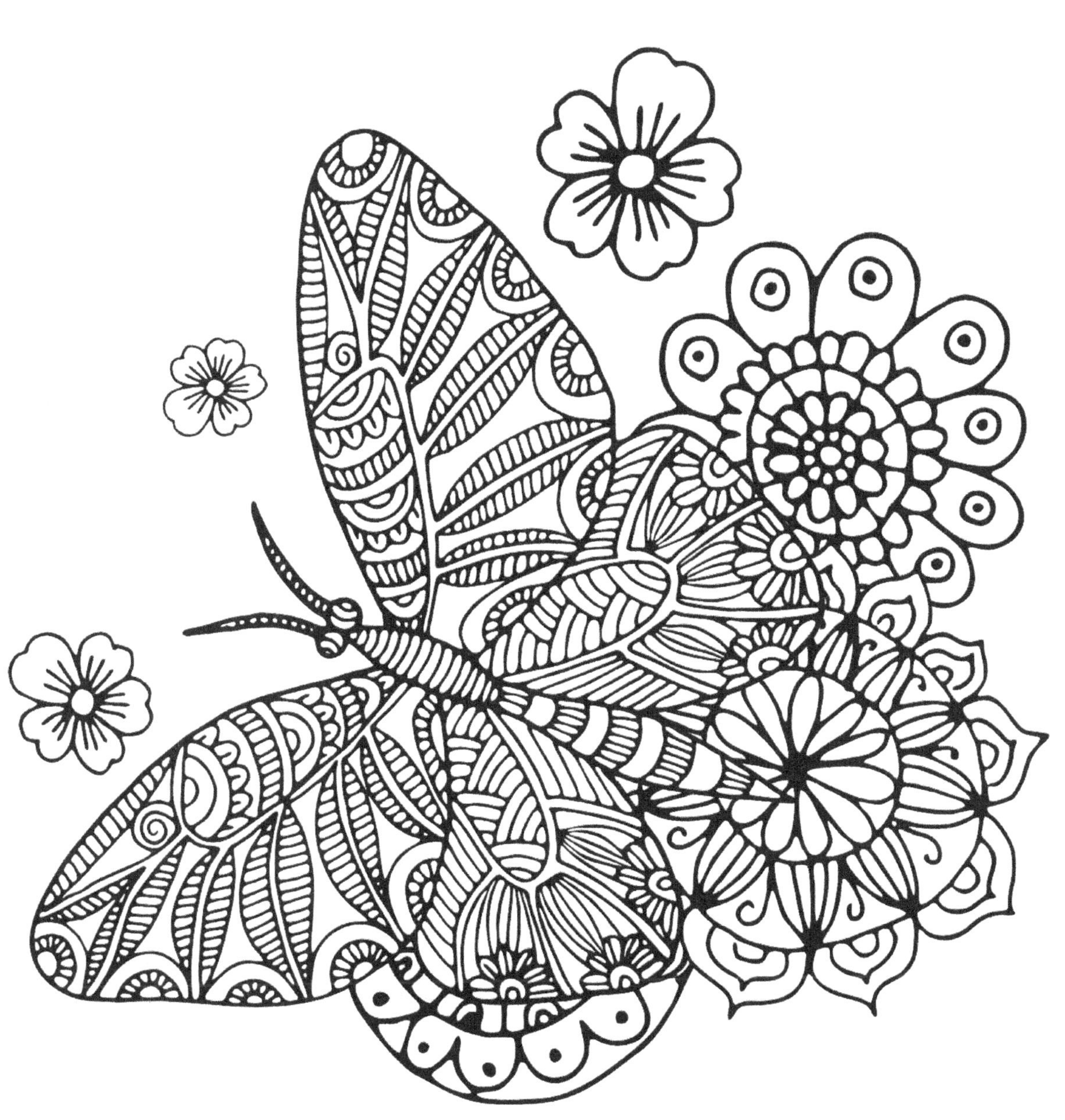

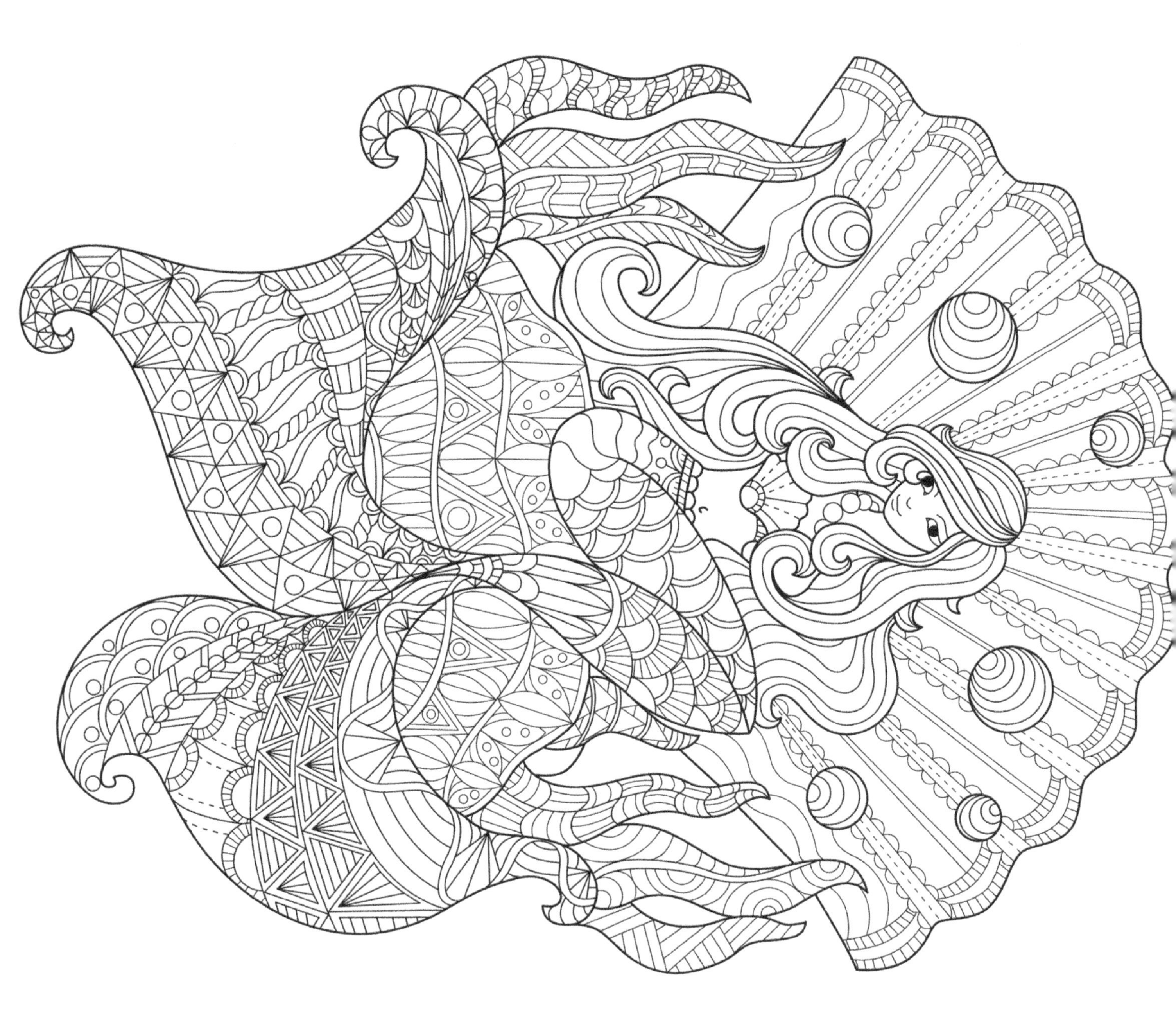

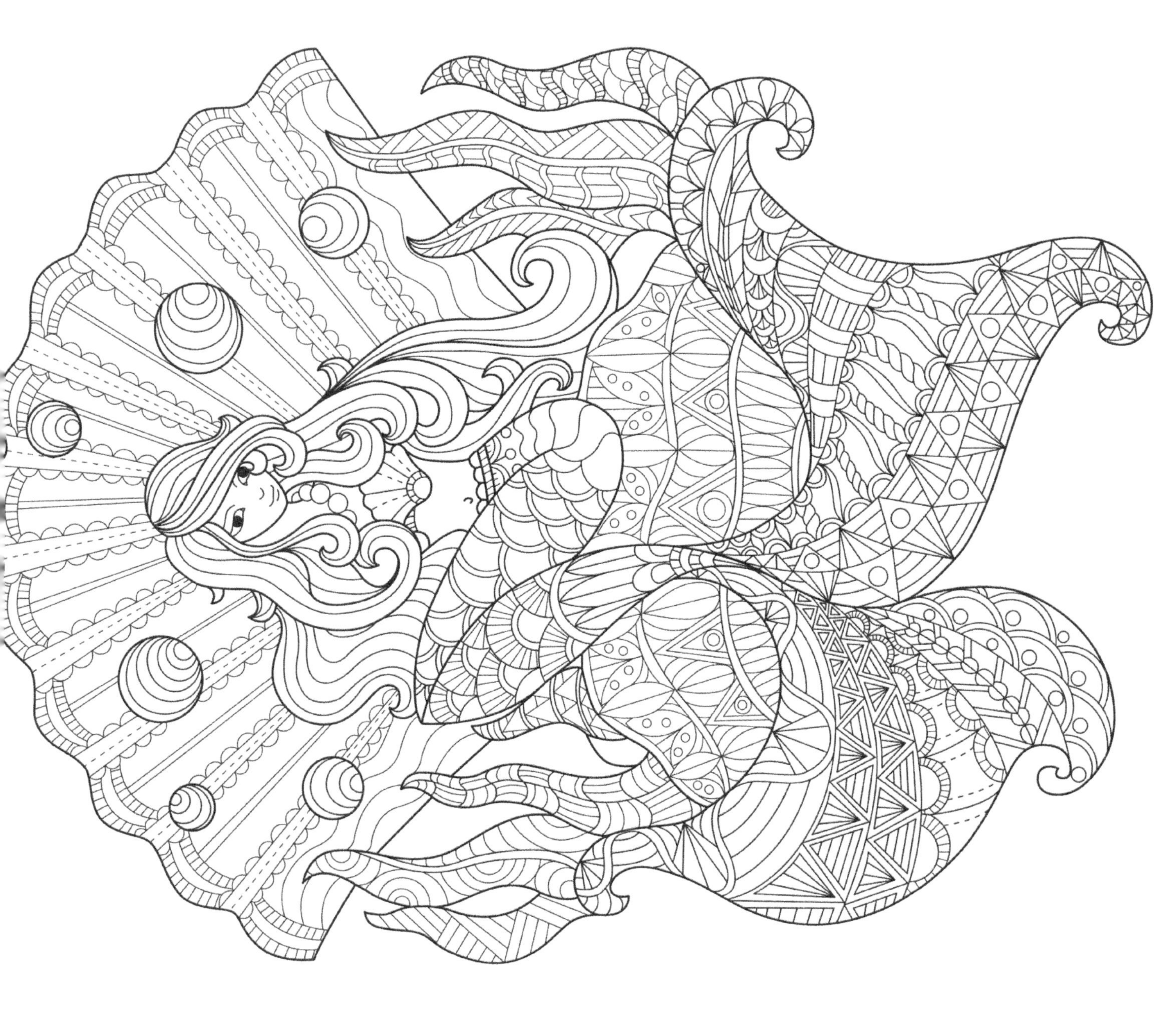

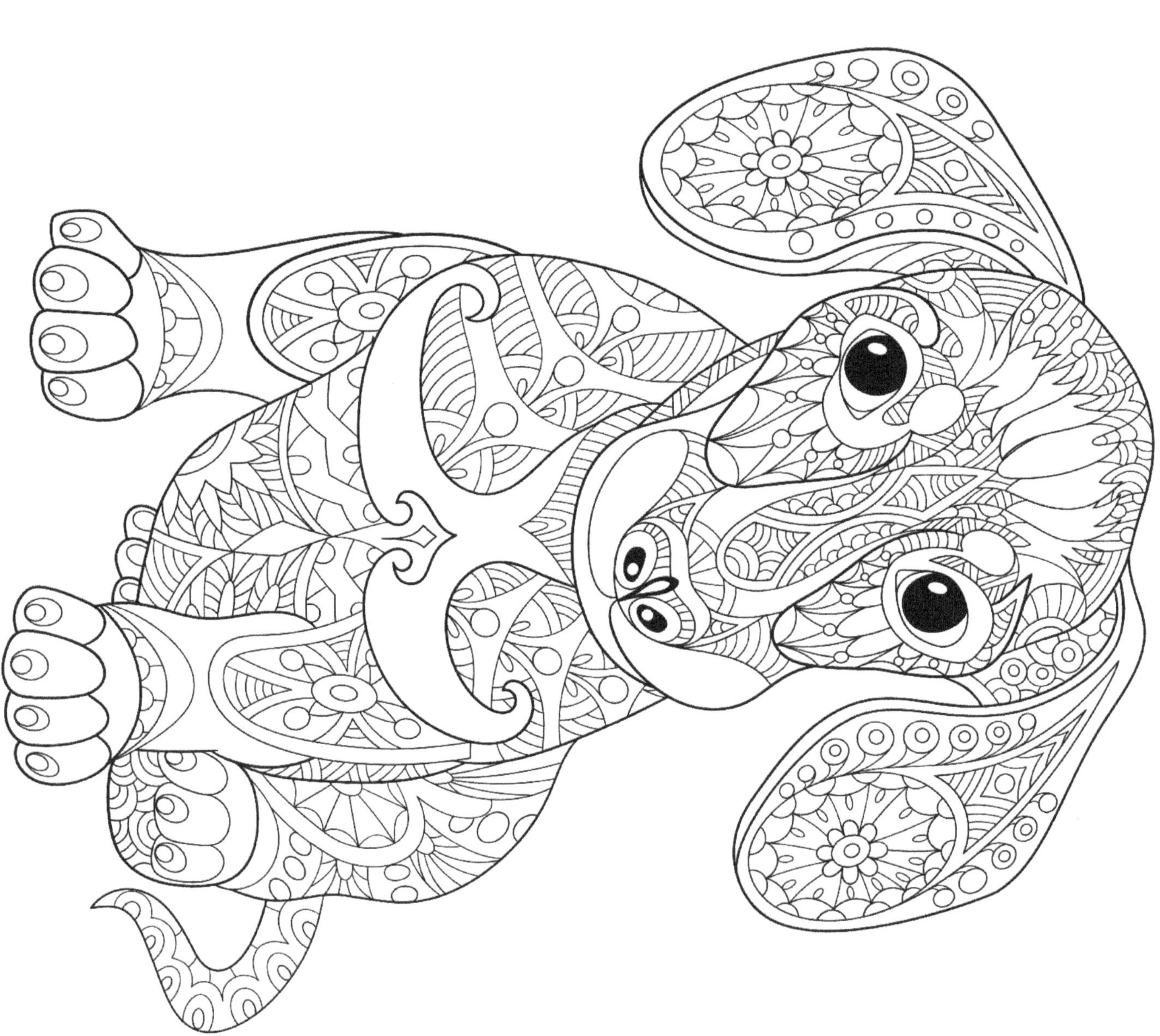

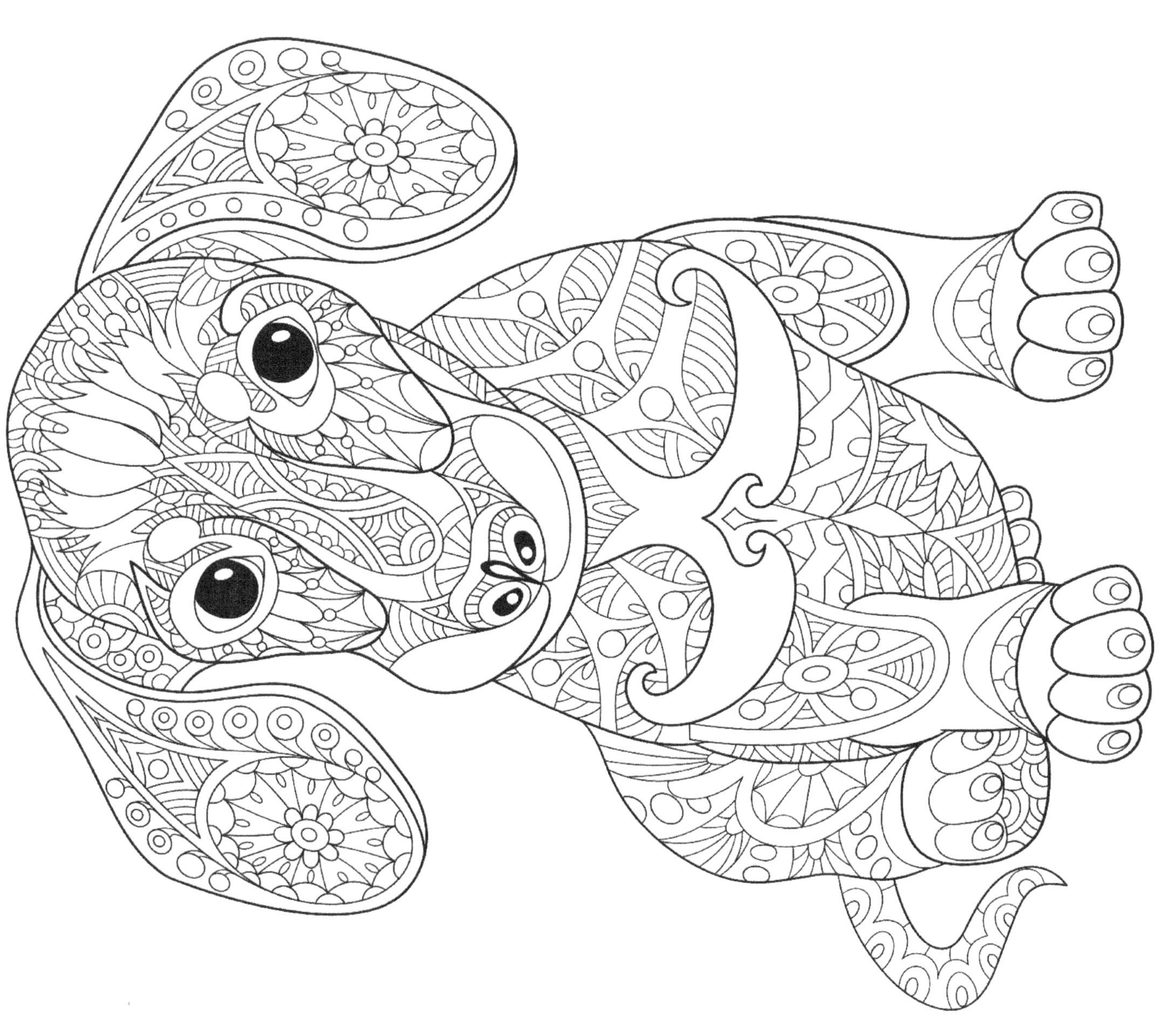

Made in the USA
Monee, IL
07 July 2026

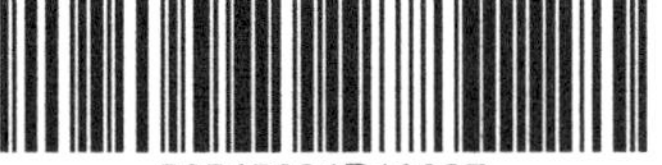

56545684R10037